作者序
PREFACE

　　學習，可以自己來；但學習不是孤軍奮鬥，也不用踽踽獨行。

　　在群性的社會裡，學習可以透過班級、社團、小組、讀書會等不同類型團體來進行；實際的面對面，或是經由網路、電腦及手機等科技產品無遠弗屆的視訊。因此，學習自有夥伴，也可從不同團體成員或其他人身上學習，體現「三人行必有我師焉」的說法。於是，學習的對象絕對不限於課堂上的教師，而是擴及其他榜樣、楷模、典範及標竿等可供我們學習的對象。這正是社會學習論者所說的「楷模或典範學習」。模範生、模範父母親、師鐸獎、金手獎、金鐘（馬）獎、好人好事代表，以及當下很熱門的 TED 之 18 分鐘生命故事等，各種不同角色或行業的傑出人員，目的也是期能發揮仿效及跟隨的正面影響。本書的創作，也是基於此等理念及期盼。

　　學習不能只以成敗來論英雄，但學習路上絕對有可資仿效的楷模及典範。本書可供我們學習的楷模不見得是曾經在升學路上暢行無阻的成功學習者，卻是從事了適合自己的學習，盡興的玩耍、盡心的表現、盡情的選用，而能樂在學習。楷模的卓越學習事蹟來自報章雜誌，尤其是來各主要報紙的報導。或許媒體的報導仍不夠呈現楷模的學習全貌，雖然作者沒有再深入探究他們更多的學習經驗，也可能這些學習事蹟都已成過去的歷史，但是他們足為楷模的學習作為，即使是拾綴點滴，卻已在學習歷史上留下痕跡。他們不論性別，是英雄也是英雌，學習讓原本平凡的他們變得不平凡。作者根據媒體的簡要報導，描述他們值得推介的學習事蹟，特別凸顯其中最具有學習意義及價值的啟示，以供讀者的參考、分享或仿效。

　　書中的學習楷模總共有 64 位，分成五大族群，代表五種不同類型的學習典範。包括出身卑微、身體殘障、遭逢變故、時運不濟，以及銀髮族。雖然這些楷模分別在家世、身體、際遇、命運及年齡等方面都處於不利的情況，但在學習上，他們卻能化劣勢為優勢，在學習的精神、態度、方法和成就上，令人刮目相看。學習帶給他們小卒變英雄的機會，也讓他們成為值得推薦及看齊的學習楷模。每篇學習楷模事蹟之後的楷模啟示錄，就是對他們畫龍點睛的寫照，也是特別值得讀者咀嚼品味的菁華。

　　人人都是獨具特色的個體，不見得要模仿別人。因此讀者要先能「自知」，瞭解自己的學習特性。本書的學習楷模，雖然面對不利的條件，卻還能藉著學習來奮發向上，讀者可用有為者亦若是來「自勉」，激勵自己的學習潛能。每個人的學習條件不同，學習風格有別，即使無法和這些楷模並駕齊驅，仍可擁有學習舞台。因此讀者應能處之「自然」，培養自己的學習志趣。從自知、自勉到自然，讀者便能從這本書自我啟發，自得其樂。

　　作者要特別感謝這 64 位學習楷模，有他們不凡的學習事蹟，才有這本書。作者也要感謝提供報導的媒體朋友，有了他們這些伯樂，學習楷模才不致被埋沒。學習楷模絕對有遺珠之憾，期望更多的事蹟有機會被傳述。「學習，看楷模」，書中 64 位主角都是「學習歷史上的英雄」；「向楷模看齊」，讓讀者來學習這些楷模，成為學習的後起之秀。

　　本書曾由遠流圖書出版公司，以「我也可以是學習英雄」為名付梓上市。如今經增修後，換裝出版。感謝麗文文化事業機構楊麗源董事長及蔡國彬前總經理，慨允並協助出版，本書得以「楷模學習──向楷模看齊」為名，再次與讀者見面。期能讓我們一起來學習典範，樂在終身學習。也敬請讀者不吝繼續給予雅正。

目錄
CONTENTS

作者序

第一篇・英雄不怕出身低

第二篇・形殘神全的正港英雄

第四篇・英雄不怕無用武之地

第五篇・英雄出老年

| 第一篇 |

英雄不怕
出身低

手指頭有長有短，人也有智庸愚劣、貧富或高矮胖瘦等差別。先天才賦、經濟條件、教育程度、經驗多寡等背景差人一等，並不表示永遠要落於人後。歹竹也可以出好筍，英雄不怕出身低。名門出豪傑固然令人讚賞，寒門出英雄卻更值得敬佩。所謂「將相本無種」，出將入相並非命定，上一代的功成名就，也不保證下一代能出人頭地。因此，出身好壞並非成敗的關鍵，也不是培養英雄的必要條件。英雄出身名門雖然可貴，但如果能突破個人不利背景及傳統社會看法等內外在條件的限制，不自怨自艾、怨天尤人，而能勤以治學、奮發向上，出寒門而能學習有成，更可供其他具備較佳條件的人來仿效看齊。

第一篇的學習英雄榜，便是介紹「出身低」卻能努力向學的 15 位好漢。它們的家境或學經歷等條件雖然差人一等，卻能好學不倦，克服出身背景等各種條件的不足，在各行各業有所成就。讓我們來瞧瞧出身卑微的他們如何變成高人一等！

01 乞丐子出頭天
賴東進

　　如果可以選擇，多數人絕不會選擇當乞丐。乞丐給人的印象通常是貧窮、骯髒、懶惰、流離失所，也許並非每個乞丐都如此，但乞丐毫無社會地位卻是不爭的事實。以往國人的生活條件較差，街頭上的乞丐也比較多，其中不少人確實是受環境所逼，生活困頓，不得不向人乞討。早年四處流浪行乞，忍受飢寒取笑，卻能一路好學上進，從小員工做到經理兼廠長的賴東進，其奮鬥的事蹟賺人熱淚，也贏得敬佩，更讓他成為暢銷書作家。

　　賴東進出自乞丐家庭，父親全盲行乞討生活，母親重度智障，是道地的乞丐子。10 歲以前，賴東進和父母流浪行乞，四處為家。能夠住墳墓旁或百姓公廟，乞討給往生者的祭品，就算是運氣很不錯了。行乞時，往往走到那裡都會被辱罵欺負。賴東進的姊姊下海賣身，讓全家人有固定的居所，同時供他念書。身為長子的賴東進要照顧智障母親及弟妹，又要分擔沉重的家庭經濟，被生活的重擔壓得喘不過氣來。他曾想自殺解脫，但一想到姊姊賣身養家供他念書，賴東進就告訴自己：不能倒，擦乾眼淚再站起來。

　　能夠有機會進學校接受教育，對賴東進來說已相當難得，然而學習路上滿布荊棘，一路走來極為辛苦。進了小學當新生，滿

身髒兮兮的他常被同學嘲笑，卻只能忍氣吞聲，不敢有所回應。一放學，就得牽著父親到處乞討，父親拉二胡時，他就跪在路旁寫作業。因為沒有錢買紙筆，只好用樹枝在沙地上練習書法。念小學時，賴東進必須每天早上 4、5 點起床煮飯、洗衣。國高中時期，他白天上課，晚上及假日還得打工維持家計，幾經坎坷挫折，賴東進終在半工半讀中陸續完成學業，並且漸入佳境，獲得多方的肯定嘉許。後來還曾當選烏日鄉模範青年、台中縣孝行楷模，並於民國 88 年獲選為十大傑出青年。

　　由於受教育的機會得來不易，賴東進把握各種可能的資源，多方面而盡情地學習。他不僅學業成績良好，美術、書法也名列前茅。生活的種種折磨更練就了他強健的體魄，在國中小的校內田徑、球類等比賽中經常得到冠軍，並代表台中縣參加省中運。從小到大，賴東進一共拿了一百多張獎狀，表現優越。高中畢業後，賴東進選擇就業，進入中美防火器材公司任職。當時老闆和員工總共只有三人，賴東進跟著老闆一起打拚，從小職員一路做到管理五十多位員工的生產部經理兼廠長。

　　除了不屈服於出身，持續發憤努力外，在學習上，賴東進有很多地方值得我們效法。首先，要能珍惜、把握教育機會，不要輕易讓學習資源浪費掉。很多人因為學習資源取得容易，便不知惜福而虛擲棄置。我們應了解學習資源是有限的，善加開發運用。其次，要能利用零碎的時間充分學習。賴東進在行乞間可以做功課，也能半工半讀，發揮了應用時間的效益。利用零碎時間日積月累的成效很可觀，尤其現代人生活忙碌，更需學習時間管

理，善用零碎時間來學習。再者，學習要能多樣化，不要侷限於考試或就業科目，如賴東進那樣文武雙全，全方位學習，充實多元智慧，畢竟生活中需要的是多方面的智能。

隨著國人生活水準的提升，一般家庭的經濟條件也越來越好。家境比「乞丐囝仔」賴東進好的，更當省思，為何他能我不能？家境像賴東進一樣差的，也可自問，我如何向他看齊？家境差並不可恥，也不是成功的絆腳石。將相本無種，布衣可以卿相，若是光耀寒門，那就更令人欽佩了！

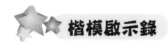 **楷模啟示錄**

英雄本無種，唯有學習揚其名。

02 漁村出身的雕塑家
楊柏林

雕塑是一種藝術創作，需要相當的專業訓練和經驗。出生在雲林濱海貧窮漁村的楊柏林，雖然只有小學畢業，卻憑著追求理想的熱忱，鍥而不捨的努力，終於成為不凡的雕塑家。

楊柏林出自漁人家庭，父親是討海人。偏遠的漁村討生活不容易，往往要看老天爺的臉色吃飯，又要和海上的大風大浪搏鬥，日子過得很辛苦。漁村長大的他，對碧藍的大海及天空有著一份特別的感情，小時候常望著美麗的夜空，天馬行空的幻想。連上學時赤腳走在石子路上，望著剛升起的太陽，小小的心靈也會充滿陽光。對大自然的喜好及敏銳的觀察，奠定了楊柏林日後藝術創作的重要基礎。小學四年級時，楊柏林就立下志願要當藝術家，在母親的支持下，他一路走來始終如一，不曾回頭。

學習藝術的過程中，楊柏林充滿追求理想的毅力。小學畢業後，他跟著兄長到台北，雖然只有 13、14 歲，心中卻時時惦記著要學畫畫，夢想成為藝術家。他在重慶南路找到書店練習生的工作，有空就大量看書，書籍成為他最大的精神支柱，也是最好的導師。他曾經在台北車站鐵道旁跟老師父學畫，用玻璃墊著描一些老虎、仕女、花卉等比較匠氣的畫，後來因為覺得畫這些東西對生計難有幫助，同時也付不起學費，就不了了之。17 歲

時，他到青年服務社學素描，由於悟性高、底子好，還擔任老師的助教。退伍後，在朋友的建議及自己摸索下，楊柏林到一家浮雕藝品店工作，不到一個月，就學會了做胸像的浮雕技巧。不過，楊柏林總覺得這些藝術品缺乏生命力，於是開始自己捏塑一些造型，同時逐漸找到創作的方向。

有一次，楊柏林幫觀音山的凌雲禪寺重塑千手觀音，他嘗試用銅材重新塑造，取代舊有的材質。在重塑菩薩的過程及法師的開示下，讓他的個性獲得解放，潛能也開始釋放。此後，他的雕塑作品透過造型展開與人對話的風格，不論是大自然、佛的手印、人的身體、器官或是器物的造型，都能一一融入作品當中，形成個人創作的風格。這是楊柏林藝術生涯的轉捩點；他體會到藝術會讓人提升生命的層次，更是通往人性內在的一條路，鑽研藝術可以發覺自己的內在與大自然的生命息息相關。楊柏林認為，人不可被體制內的教育所束縛，即使考不上大學也沒關係，順著自性的發展，也有很大的可能性。他自己就是不被傳統教育束縛，而能發現自性、堅持理想開創無限可能的最佳例子。他時常招待小朋友到工作室參觀，希望透過自己的經驗及體會，為孩子打開學習的一扇門。

來自偏遠漁村的楊柏林，家境雖然不好，也只有小學畢業，卻能自修上進，在雕塑創作的路上努力不懈。他不但開闢出自己的一片天地，也證明了出身貧苦的小孩也可以成為雕塑家，學藝術不是有錢人的專利。即使物質經濟上有短缺，精神食糧也可以非常富裕。在學習路上，楊柏林所帶來的啟示是，人生可以有

夢，更要築夢踏實。夢是人生理想，也是學習目標，指引學習的方向。同時，要能化困境為順境，在工作中把握機會，實踐學習，如同他當書店練習生時坐擁書城大量閱讀。此外，必須能夠隨時反省學習的價值，提升學習的內涵。從素描、浮雕到雕塑，楊柏林善於自省自問，思索學習本身及學習對生活的意義，為學習注入生命，增進學習的品質，這是促進持續學習及學習效果的重要因素。

藝術的殿堂決非高不可攀。堅持理想、突破環境的障礙，腳踏實地去努力，便是攀登藝術殿堂的梯子。就像漁夫的孩子楊柏林一樣，為自己打造登上藝術殿堂的梯子。楊柏林的出身很平凡，可是走向藝術創作的路卻是很不平凡。

 楷模啟示錄

在雕塑人生的過程中，你也是雕塑家；而學習是最佳的工具。

03 工人博士 江燦騰

俗語說：「屋漏偏逢連夜雨。」這種情況在現實生活中確實可見。江燦騰來自貧苦的家庭，國中時因家裡經濟不好而輟學，做過粗工當過苦力，半工半讀，一路辛苦求學向上，後來又不幸罹患骨髓癌，從此必須拄著枴杖走路。然而，江燦騰強烈的學習意志卻沒有因此被打垮，反而越挫越勇，後來甚至取得台大歷史學博士學位。

江燦騰從小喜歡念書，但讀到國中便因家裡付不出學費而輟學。只有小學學歷的他，當過工友、送貨員及水泥匠。當兵時，參加軍中隨營教育，後來通過初中同等學歷檢定，取得國中畢業的資格。退伍後，江燦騰進入飛利浦公司，從機械操作員做起，一邊工作一邊自修。八年後，再通過高中同等學歷檢定，取得高中畢業資格。由於從小喜歡歷史，江燦騰再接再厲考上台灣師大歷史系夜間部，念了五年取得學位後，又更上一層樓，考上台大歷史研究所，花了六年取得碩士學位後，再考上博士班。江燦騰在高等教育階段越念越順遂，憑藉的是不斷的努力。

念博士班時，江燦騰離開了工作二十年的飛利浦公司，完全靠獎學金、兼課、寫作來養家。日子雖然辛苦，但在校成績都是名列前茅。然而命運之神卻無情地捉弄他。或許是因為長年辛苦

工作，江燦騰罹患了多發性骨髓癌。雖然醫生說存活率不高，他卻堅持要打敗命運的捉弄。即使面臨雙腿被鋸掉的危險，自信與豁達的他卻毫不畏懼。他前前後後做過八次以上的化學治療，完全配合醫院的各種療程，被醫護人員封為「模範病人」，在醫院中人人「叫他第一名」。在殘酷的病魔折磨下，江燦騰依舊昂然挺進，在負病的情況下，於 54 歲時成為博士。

自國小畢業後，從國中到取得歷史學博士，在學習路上一階一階地爬升，江燦騰靠的是不服輸的精神，半工半讀，以自學的方式刻苦求學。除了好學不倦足為楷模外，他做起事來也是腳踏實地，一步一步來。從機械操作員做到品管訓練員，不僅當選過縣級的模範勞工，還創下連續十五年大年初一都去公司上班的紀錄。因為依公司規定，大年初一上班可領五天薪水，為了支付學費，江燦騰不惜犧牲年假。這種積極執著的精神，也反映在他的博士論文上。原本只需將寫過的十八萬字整理一下便可輕鬆過關，但他堅持要寫到最好，於是運用接受化療的空檔，敲敲打打寫成六十四萬字的鉅著。在主題上，他選擇研究台灣佛教，鑽研難度頗高的宗教史、社會史及文化史等課題，勇於面對挑戰的精神，充分表露無遺。

從工人到博士，從只有小學畢業、半工半讀、不畏病魔侵襲，到取得博士學位，江燦騰的學習事蹟頗具英雄本色。在學習意志上，他堅忍不拔，即使有嚴苛的骨髓癌折磨，仍然擁有強烈的學習意志，以心理力量克服生理病痛。在學習過程上，他善於運用時間，一邊工作一邊進修，憑著自學，循序通過國高中的學

力檢定考試,在學習條件不算優裕的情況下,充分創造了最有利的機會。在學習規劃上,他從自學著手,也能在職進修,在學習進階上目標十分明確。更難能可貴的,他不是為學位而念書、只選擇速成容易的途徑,而是兼顧理想的實踐。雖然學習路上走來辛苦,江燦騰卻不輕易放棄,一路念到博士,堪稱是惡劣環境下的終身學習勇士。

人生路往往荊棘滿布,學習路又豈都是康莊大道?想要在人生路上兼行學習路,就需付出更大的心力與毅力。走出家貧及病魔的嚴苛考驗,江燦騰靠著打不倒的勤學鬥志,在人生路及學習路上漸入坦途,實踐了「學習無難事,只怕有心人」的真諦。

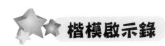 **楷模啟示錄**

英雄的學習路是以堅持、勇氣及努力做為台階。

04 好學新女性 洪淑姬

不受過去「女子無才便是德」的影響，只有高商畢業的學歷，卻依舊學習熱情高漲，學習動機百分百。學電腦、學英文，成為在職場及學習場所非常活躍的現代婦女。不受性別及學歷所限的洪淑姬，是名副其實的好學新女性。

49 年次的洪淑姬，高商畢業後便進入三光企業當會計，主要負責做帳，處理文書時如果稍有差錯，可能就要重新做起，不勝其煩。洪淑姬看到老闆著迷於學電腦、打電腦，玩得興高采烈，好奇心不禁油然而生。受到老闆的影響，洪淑姬興起了學電腦的念頭，也思考如何藉由高科技的幫助，讓自己的文書處理工作更有效率。憑著見賢思齊的動機，以及改進會計帳務繁瑣不便的目的，洪淑姬開啟了在職場的學習之旅。

二十幾年前，學電腦仍不十分普遍，沒有那麼多的補習班、學校或研習機構可以選擇，往往要自己買書看書，自修摸索。由於是發自內心的渴望學習，洪淑姬的動機非常強烈，而且能夠邊學邊做，因此能一步一步向前邁進，逐漸提升運用電腦的能力，也改進了文書處理的效率。由於嚐到了學電腦的好處，她樂於和他人分享學習的經驗，同時開始在辦公室幫助其他同事認識、學習電腦，甚至回到家裡，也鼓勵另一半一起加入電腦學習的行

列。隨著學習經驗的累積，洪淑姬的電腦文書處理功力大為精進。

　　在學電腦的過程中，洪淑姬發現自己的英文能力需要充實，於是報名參加公司為員工開設的英文進修課程，每天早上 7 點半到公司學習外語。由於每天一大早上課對多數人來說極為不便，上課的人愈來愈少，最後竟然只剩下洪淑姬一個人。由此可見她的毅力堅定，在學習的實踐上具有強烈的行動力，能夠身體力行。誠如洪淑姬在自己的經驗分享中表示，學習沒有大小之分，也沒有重不重要的差別，而是要以「興趣至上」。有強烈的學習動機，再加上濃厚的學習興趣，學習才能長長久久，持之以恆。而且必須個人自動自發，才比較容易累積，充分發揮學習的效果。

　　職場工作者常因工作繁忙而找不到時間學習，女性往往還得照顧子女、操持家務，閒暇時間更少，學習變成難得的奢侈活動。洪淑姬的經驗是，要先做好時間管理，充分把握寶貴的學習機會。例如洪淑姬白天一定要看報，不斷吸收、掌握資訊。晚上有空就讀書思考，一有學習的機會，決不輕易放棄。找出學習時間，把握各種學習機會，可說是學習的基礎工作，這比個人原來的學歷高低更重要。其次，要激發高昂的學習動機，並且將它逐漸轉化成興趣，如此學習才能持久。對於學習障礙較多、學習容易中斷的職場女性來說，以興趣為本的學習才能帶來恆心及毅力。再者，充實語文及電腦等工具素養，增進 know-how 的技能，可以讓學習更加順手，提高學習效果，也有助於學習的延

續。此外，不斷學習更是職場升遷進階的最佳捷徑，洪淑姬從基層做到經理，便是靠著學習而步步高升。

身為職業婦女，在生活上有許多包袱，學習上也有許多障礙。但對好學的洪淑姬來說，兩者都不成立。只要有動機、興趣及毅力，阻力也可以化作助力，依然能夠在職場上悠遊學習，讓工作與學習並進成長。

 **楷模啟示錄**

學習是女性超越性別障礙、在職場上馳騁的利器。

05 百老匯的東方明星 王洛勇

　　可曾想過，小石頭竟然能夠變成學習的工具？來自中國大陸貧窮鄉下的歌手，獨自到異鄉的美國闖蕩江湖。在英文基礎不佳的情況下，而要在戲劇界的戰國城市─紐約─的槍林彈雨中，爭取表演的舞台，實屬不易。然而，有志者事竟成，憑著苦練英文及奮鬥不懈的精神，八年之後終能在競爭激烈的演藝工作上出人頭地，取得一席之地，王洛勇稱得上是在西方演藝圈開疆闢土的東方悍將。

　　王洛勇出身卑微，從小家境相當貧窮，萬般辛苦地念到大陸中央戲劇學校，對於表演藝術一直懷抱著憧憬。在文革時期，他跟大多數知識青年一樣，被下放到農村服務。當時他一貧如洗，身無長物，連襪子都只有兩雙。下放的日子雖然貧苦，但從事表演藝術的夢想卻相當清晰，也非常堅持。這種堅持奠定了他日後努力學習的穩固基礎。築了夢之後，王洛勇開始了逐夢之旅，踏實地一步步圓夢。

　　在大陸開放之後，王洛勇終於找到機會離開家鄉到海外實踐夢想。民國 79 年他隻身到了美國新大陸，懂得的英文字只有「Yes」和「No」兩個字。但王洛勇初生之犢不畏虎，為了夢想一頭栽進紐約百老匯，只圖掙得一個位置。由於經濟拮据，為了

學習英文及音樂劇唱法，他必須半工半讀賺取學費，到餐廳打工，洗碗盤、送茶，也曾當過油漆匠，做過許多零工粗活。有感於自己的英文底子不好，他從 26 個字母開始學起。為了儘快學會標準的美國腔，他甚至把小石子放進嘴裡練習發音。一再重複努力練習的結果，最後竟然連石頭的稜角都被磨圓了。所下的苦工夫，就像是鐵杵磨成繡花針般驚人。

皇天不負苦心人，民國 83 年，王洛勇終於苦盡甘來。當年 7 月 4 日美國國慶那一天，對他來說是人生中最值得紀念的日子。他在百老匯最大的「百老匯劇院」登台，飾演流行音樂劇《西貢小姐》中的工程師角色。這次演出頗為成功，贏得美國各大媒體劇評人的好評，不僅確立了他在百老匯的表演地位，更是其演藝事業的轉捩點。從來自大陸貧窮鄉下負笈他鄉的遊子，到置身大都會舞台演出的耀眼明星；從英文的牙牙學語，到以英文唱歌演出，王洛勇的努力成果得來不易，正是一分耕耘一分收穫，絕無僥倖。

王洛勇雖然出身貧寒，卻不曾懷憂喪志。他隻身遠渡重洋，在競爭激烈的紐約百老匯崛起，憑藉的是不屈不撓的堅忍學習精神。正如他的名字，王洛勇是一位勇於嘗試、不畏艱難逐夢的學習鬥士。他有明確的夢想作為人生的奮鬥目標及學習的指引，而不致茫然摸索。他能一切歸零，從頭開始，苦學英文的字母及發音。所謂「登高必自卑，行遠必自邇」，他不好高騖遠，站穩學習的起跑點，從充實語言能力著手，先學習英文的口語表達，扎下音樂劇表演的基礎，先利其器而後善其事。此外，在學習過程

中他能吃苦耐勞，以土法煉鋼的精神，一步一腳印，實實在在的
堅持到底，縱然辛苦，卻能先苦後甘。

　　王洛勇的跨文化學習，充滿了不同文化間語文、風俗與民情
的可能衝突及挑戰。尤其在短兵相接、競爭激烈、適者生存的表
演舞台，以一弱勢文化要在主流文化中勝出，更需要高人一等的
努力。他以學習突破了障礙，成就了他在異鄉的事業。

楷模啟示錄

　　人窮志不窮，學習向前衝。

06 詩學雙傑
胡順卿、胡順隆

　　古體詩對大部分人來說，可能呆板難懂，在 e 世代看來，更覺得 LKK，跟不上潮流，比不上新體詩的超炫時髦。可是，有人雖然只有小學畢業，卻對古體詩充滿興趣，不僅在學習路上努力自學前進，更親身投入古體詩的研習推廣，和其他人雅俗共賞。這種投入學習、樂於分享的精神令人敬佩，更難得的是學生兄弟攜手同行──這對哥倆好的英豪是胡順卿及胡順隆。

　　胡順卿及胡順隆就像是一面鏡子裡的兩個人，兩兄弟在長相、神情及觀念上都很相像，簡直難以分辨。兄弟兩人雖然只有國小學歷，但從小因為爺爺熱愛古書，受到薰陶及影響，於是培養了紮實的古文根基。憑此基礎，兄弟倆參加全國公務人員檢定考試，通過後一路從普考、高考、空中行專、國立空大過關斬將力爭上游。哥哥胡順卿擔任南投地檢署薦任研考科科長，弟弟胡順隆擔任台中地方法院公證人。兩兄弟幾十年的公務人員生涯，所靠的不是學歷，而是努力得來的經歷、資歷與學力。

　　胡順卿、胡順隆兄弟兩人號稱是生命共同體，除了是孿生子外，在學習路上更是攜手同行，亦步亦趨，形影不離。從小時候接受庭訓，讀空專、空大，以至後來擔任詩學社社長、推廣古體詩，兩人都是不分你我、共同投入。兄弟彼此是生活中的手足，

更是學習路上的夥伴，也都投入法務界工作，可說是名副其實的生命共同體。尤其從小學畢業到空大，這段在別人看來極為漫長又充滿艱辛的學習路，他們更是一路走來始終同行，兄唱弟隨，既是同學同好，更同心協力，在學習路上相互扶持，共同分享，為彼此帶來更充沛的學習精神。

胡氏兄弟認為人性可善可惡，就看後天如何雕塑。這種看法讓他們願意與別人分享學習古體詩的樂趣，藉由學詩來淨化人心，開啟善良的本性。他們全心全力推廣詩學教育，在台中市中心創立詩學社，並分別擔任第一、二任社長，希望能拋磚引玉，吸引更多人一起來參加。在他們的努力帶領下，詩社的創作力旺盛，在各項比賽中打遍天下無敵手，水準也扶搖直上。他們創辦的詩社不僅在國內表現出色，在世界詩壇也聲名卓著。弟弟胡順隆曾獲選為 1992 年世界詩人文化大會的中華代表，以及 1994 年世界詩人文化大會副會長，揚名海外，為國爭光。

胡氏兄弟推廣古體詩的最大心得是，詩不僅可以涵養心靈，也能讓腦筋靈活。將詩當作興趣來推廣和學習，不僅能提升自己的知識水準，更能結交許多國內外的詩友知己，可謂「以詩會友」，好處多多。胡順卿及胡順隆不受學歷所限，透過空中教學管道努力充實知識、自我提升，兄弟倆相伴同行的學習方式，正是家人共學的優良典範。他們以興趣為基礎，作為學習的動力，因此可以好學不倦，讓興趣成為學習的最佳催化劑。兄弟兩人樂於與他人分享興趣，勤於推廣詩學，在分享中也增進了自己的學習。同時，他們還組成詩學社，運用學習團體的方式，促進了學

習交流及共同學習的效果。這些都是胡順卿及胡順隆獨到的學習方式。

　　小學學歷並不足以構成障礙，即使是艱深的古體詩，依然能夠吟詩作對，在追求興趣中累積學習。誰說錯過學校教育，就沒有再接受教育的機會？只要有心向學，必能找到好的學習管道。在學習路上，攣生兄弟也可以是學習夥伴，不但生活成雙，學習也成對。

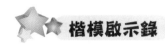 **楷模啟示錄**

　　家人是生活的夥伴，也是學習的良伴。

07 農家子弟成藝術家
陳朝猛

　　農家子弟與藝術家兩者看來似乎距離很遙遠。他出身農家，功課雖然很好，卻因為家境不好而無法繼續升學，儘管如此，對雕刻的濃厚興趣卻絲毫未減。他從工廠的學徒做起，未曾接受藝術的專業訓練，卻能夠腳踏實地，努力好學，而開啟了藝術創作之途，走出自己的路，發展出生漆藝術。陳朝猛拉近了農家子弟和藝術家的距離。

　　陳朝猛出生於嘉義，小時候父母都務農，家境並不好。國中時念的雖然是前段班，卻因為家裡經濟不夠寬裕，沒有機會繼續升學。他從小喜歡畫畫，國中上工藝課開始接觸雕刻，由於具有繪畫的基礎，雕刻作品也每每得到高分，還被學校拿去參加校際比賽。這些成就感讓陳朝猛對雕刻的興趣越來越濃厚。也正因國中時期培養出濃厚興趣，奠定了日後在辛苦學習過程中永不放棄的堅定力量。

　　國中畢業後，陳朝猛離鄉背井到板橋一家雕刻佛像的工廠當學徒。年紀輕輕就離開家人，遠赴他鄉習藝討生活，使他比留在家鄉的同輩朋友吃了更多苦頭。剛開始當學徒時，陳朝猛只能做些買菜、掃地、磨刀子、幫師傅洗車子等瑣事，一直到入伍前才開始學習雕刻。退伍後，他到台北縣一家雕刻家具的工廠當師

傅，後來頂下一間工廠成為老闆。本想從此可以好好發展事業，不料當時的雕刻業務陸續移到工資較便宜的大陸去，生意漸漸流失。全盛時期曾經有過 13 個師傅，之後卻一個一個走掉，最後連本錢都賠光，還背負了兩百多萬的債務。

為了還債，陳朝猛賣掉了工廠和房子。努力了十幾年，到頭來什麼也沒有，還得租房子，靠老婆出去上班賺錢養家，遇到了如此的挫折打擊，陳朝猛並沒有因此而倒下，太太和孩子也很能體諒，而且支持他對藝術創作的追求。後來受到藝術學院教授的鼓勵，陳朝猛開始嘗試藝術創作。他先從版畫入手，逐漸發展出極具特色的生漆藝術。由於他對佛法有深刻的體悟，自然而然地將修行的功夫融入創作中。民國 89 年 3 月，他在台中市政府文化局文物陳列室舉辦歷代龍紋及生漆藝術個展，展出造型相當特殊的生漆貼金佛像與人形雕型。作品內部空空亮亮的，就如同佛法修行所說的空無光明，頗有禪機。

民國 89 年初文建會舉辦版印年畫甄選，陳朝猛以一幅「舞龍迎春」贏得首獎。在一群大多為藝術相關科系學生的得獎人中，42 歲，理著平頭、身體壯碩、學徒出身的他，顯得相當突出。隨後，他又得到第三屆府城傳統工藝獎優選，傑出的成就肯定接二連三。然而，陳朝猛最大的心願是開一間版畫工作室，讓沒有工作的雕刻師傅都能來這裡，不要荒廢了一身好功夫。學徒出身的陳朝猛能堅持自己的興趣，從國中工藝、拜師學藝到出師創作，即使遭遇賠錢及工廠倒閉的挫折，都沒有被打敗，強烈的上進心是他最大的護身符。在學習過程中，他能接受學院教授的

建言，注入專業的意見，提升創作的層次，突破了自己的能力限制。而在成功之後，又能想到回饋社會，希望藉著版畫工作室，讓沒有工作的雕刻師傅有創作的空間。這種開闊的胸襟令人敬佩。

身為農家子弟，又是學徒出身，陳朝猛走過了人生的不順遂，也超越了障礙，走上創作之途，終於成為獲得多種獎項肯定的生漆藝術家。讓他「翻身」的是對藝術的興趣、執著，以及認真上進的學習毅力。

楷模啟示錄

沒有不用學習的先天藝術家，只有努力學習的後天藝術家。

08 自學有成的電腦高手
朱重憲、張秉權、陳佈雨

在 e 時代中充滿機會，只要肯用心、努力，就能為自己創造良機。學校成績不好，並不代表人生就前途無「亮」或註定要失敗。功課並非名列前茅，卻熱愛電腦，整天守在電腦前，並不一定是無可救藥的壞學生。只要不遊手好閒無所事事，而能堅持興趣，進而主動學習，這種精神反而應該受到鼓勵。雖然上不了大學，朱重憲、張秉權及陳佈雨卻能憑著對電腦的興趣，自學而成為電腦高手。

朱重憲、張秉權及陳佈雨三人，都是只有高中學歷，他們曾是國內著名電腦遊戲公司智冠科技的員工，後來自行創業組成「謎樣視覺」，變成專業製作電腦遊戲軟體的老闆。年輕、高科技、自行創業，正是 e 時代電子資訊產業型態的特質。他們三人由原來在校成績不佳、只愛玩電腦的年輕人，越玩越有興趣，玩到一起開公司當老闆，和別人共享有趣的電腦遊戲。三人在學習路上都有著英雄式的傳奇故事。

朱重憲原來念的是高職汽車修護科，進入智冠前除了喜歡打電玩外，對電腦懂得不多，也沒有相關的工作經驗。張秉權從來沒有上過跟電腦有關的課程，讀中正高中三年級時，就因成績不好被退學，後來為給父母一個交代，以同等學歷考大學，仍然名

落孫山。陳佈雨則是台中市明道中學美工科畢業，在進入智冠前也沒有相關的訓練及經驗，工作後才開始學習。除了負責美工設計的陳佈雨可算是相關科系畢業外，其他兩人可說都是從頭學起，重新開始。到「智冠」工作，可算是他們三人學習設計電腦遊戲軟體的開始，憑藉著從小對打電玩或電腦的喜好，加上好學不倦的持續學習，最後終於走上自行創業的路。

剛進智冠時，朱重憲連電腦動畫怎麼製作都不會。除了買書自學外，他還把徐克拍的《笑傲江湖》電影錄影帶租回家連續看了六、七遍，學習如何把電影運鏡的技巧應用在電腦遊戲的片頭製作。經過摸索苦學，後來完成的「風雲」，是朱重憲 2D 到3D 動畫設計的代表作。幾年來，從完全沒有美工及電腦背景的門外漢，到連玩家都會驚豔的動畫專家，朱重憲靠的是自己邊做、邊看、邊學。當兵前曾當過餐廳小弟、清潔工和推銷員的張秉權，當初是硬著頭皮去應徵智冠的工作，最早是負責為消費者解答各種電腦遊戲的疑難雜症。他在工作之餘買書自修學習程式設計，後來如願轉到研發部門，設計出一套比一套精彩的遊戲。陳佈雨雖然學的是美工，但以前只是愛打電玩，真正的進步也是進入智冠工作開始。三人為設計電腦遊戲軟體「風雲」，常常在辦公室打地鋪趕進度。從台中北上工作的陳佈雨，為了工作需要，竟然在辦公室打了五年的地鋪。

朱重憲、陳佈雨及張秉權三人努力的心血沒有白費，所製作的遊戲軟體「風雲」上市兩星期便創下銷售七萬五千套的紀錄。從功課不出色、只愛打電玩的小伙子，經過工作的歷練，以及自

學有成，成為自行創業的老闆，三人的學習精神值得效法。首先，成績不夠好並不需要自暴自棄，重要的是不要自甘墮落，要能發現自己的興趣，作為發展成就的起點。再者，從遊戲中也可以培養專長，只要是正當的休閒娛樂，都具有積極的效益，喜歡電玩也能成就一番事業。最重要的是，雖然是門外漢，缺乏教育及經驗，但只要肯努力學習，即使是自己看書、土法煉鋼，也能補拙，這就是「有志者事竟成」的表現。

誰說高中畢業後只有考大學一條路？路是人走出來的，朱重憲等三人就為自己開出了一條大道。大學沒考上，人生也不見得是黑白的。學歷低不足以構成障礙，只要能奮發圖強，腳踏實地，從興趣出發並持續努力地學習，終能不受學歷所限。

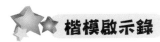 **楷模啟示錄**

學習成英雄，靠的是學力而不是學歷。

09 溫柔的獅子總裁
嚴長壽

　　一本名為《總裁獅子心》的書，在各書局的暢銷排行榜上歷久不衰，不僅許多讀者喜歡閱讀，不少的讀書會團體也選這本書研讀，共同分享書中主角的奮鬥經驗。大專企管科系的教授，亦選取這本書作為教材，希望學生從中學習服務業管理經營的觀念及作法。這本暢銷書的主角嚴長壽，只有高中畢業，卻能成為五星級飯店的總裁，成為眾人模仿學習的榜樣，學習歷程充滿傳奇。

　　從小弟到總經理，大多數人可能只看到嚴長壽功成名就後所帶來的光彩，卻忽略了其中辛苦的過程。過程往往比結果精彩，更令人佩服。謙虛的嚴長壽強調：「大家都忽略了當時的環境和情勢。」他認為他的成就是「時勢造英雄」，如果是現在，就不可能有這樣的機會。然而嚴長壽的優點是，他非常清楚自己的缺點在那裡，也儘量找尋自己的優點。明白自己的長處和短處，短則改之長則勉之，確實是充分瞭解自己、發展自我的重要條件。

　　由於清楚自己的優缺點，嚴長壽會順著自己的長處加以發揮，從中也獲得了成就感。知道自己的缺點，因此能避免自暴其短。例如他當學生的時候，不敢跟別人賽跑，因為他的體力不好。但他將精力投注在感興趣的音樂領域，從中得到很大的成就

感。能從優點中追求成就，可以得到自我肯定、提升自我價值。避免自暴缺點所帶來的挫折沮喪，不僅可以減少負面情緒，更重要的是能夠避免自卑感，進而培養自信心。嚴長壽不因只有高中學歷及小弟出身而感到自卑，反而能努力上進，這種自知之明正是成功的重要因素。

正因瞭解自己缺乏高學歷及顯赫的出身，嚴長壽比別人下了更多功夫。不論是外語能力的增進、廚藝菜色的認識，以及管理經營新知的吸收，他絕不落人後。雖然沒有正式學位的肯定，卻無損於外界對嚴長壽經營專業能力的高度肯定。事實上，他也經常和學術界相關領域的師生互動觀摩，跟他們分享實務經驗、相互學習。他雖然沒有受過音樂方面的專業訓練，卻憑著興趣培養出對歌劇的欣賞素養，甚至希望退休之後能夠學拉小提琴。在餐飲管理的專業方面，他希望能成為觀光或餐飲學校的校長，透過教育的途徑，傳承自己的專業與經驗。

身為管理眾多員工的總經理，嚴長壽雖然有獅子般的權威地位，卻是一個極為溫柔浪漫的主管。從學習上來看，他瞭解自己的優缺點，腳踏實地，不好高騖遠或眼高手低，是扎下務實學習基礎的重要作法。以此為基礎，在工作上邊做邊學，一步一腳印，針對缺點來加強，因此可以與時俱進，從基層升到主管。尤其難能可貴的是，他並未因位居高位而趾高氣揚，反而心存感激，回饋社會，培育後進。這種勝不驕的謙虛態度，更值得我們效法。

相對於「膨風」的人，嚴長壽的虛懷若谷顯現出他的氣度。

不自卑、不自滿、不自傲，使他能從低處登上高峰，而且隨時充實自己，在學習當中持續進步。獅子不見得要威風凜凜或高高在上，溫柔也可以能幹，謙虛更能夠出人頭地。

楷模啟示錄

想跟別人一較長短前，請先計較自己的長短。

10 nice 企業家
陳鏡仁

在產業界一片高科技的流行趨勢下，傳統產業似乎備受冷落。高科技產業講求快、狠、準，特別適合冒險性較高、衝勁十足及勇於嘗試的年輕人，因此業界裡多的是少年英雄，年輕的創業家比比皆是。然而，在網路商務泡沫化，不少新興網路公司因獲利不佳而倒閉的情況下，有些人不禁懷念起傳統產業的腳踏實地。許多傳統企業雖然看似老態龍鍾，卻是一步一腳印。以洗髮粉起家的耐斯公司就是禁得起時間考驗的老企業，集團總經理陳鏡仁的學習事蹟，正是耐斯依舊 nice 的重要原因。

陳鏡仁在雲林縣古坑鄉的小農村出生，十個兄弟姊妹靠著家裡幾分田，以及一家小雜貨店維持生計。然而他 12 歲那年，父親不幸積勞成疾去世，家庭的經濟重擔就由在嘉義高工當老師的大哥承擔，全家也因此搬到嘉義，靠著大哥微薄的薪水過日子。民國 53 年，陳鏡仁兄弟在嘉義延平街的住處成立了耐斯公司，專門生產化工產品。剛開始雖然規模不大，創業維艱，但在兄弟共同努力下，「耐斯洗髮粉」逐漸暢銷全國各地，業務蒸蒸日上。五年後，在陳鏡仁的策劃下，公司遷到現在位於忠孝路的工廠，並擴大營業。60 年時，他轉投資國本飼料公司，生產「土地公飼料」。65 年，又在民雄工業區成立了愛之味食品公司。

從洗髮粉、飼料，到愛之味食品，陳家的企業越做越大，跟國人生活的關係也愈來愈密切。

以陳鏡仁為首的耐斯企業集團之所以成功，除了產品優良，獲得消費大眾的信賴之外，公司本身的經營方式也是重要的關鍵。由於深切體認到管理階層與員工關係和諧的重要，陳鏡仁在「愛之味」業務鼎盛的時候，採取員工分紅入股的方式，讓員工變成股東，不僅安定了員工的心理，也使得整個公司成為一個大家庭，彼此利害與共、互相信賴，一起打拚，無形間強化了組織的團結氣氛，提升了員工同舟共濟的精神，使他們工作更加賣力。目前高科技產業普遍採用分紅配股的經營策略，陳鏡仁可說具有先見之明的經營眼光。

耐斯企業集團事業經營有成，陳氏兄弟深知飲水思源，致力於回饋社會，以父親為名成立了「陳添壽文教基金會」，由陳鏡仁擔任執行長。除了紀念父親的愛心外，更是「吃果子拜樹頭」，秉承「取之於社會，用之於社會」的想法回饋社會，藉著舉辦文教及公益活動，為地方略盡棉薄之力。耐斯是白手起家的企業，具有務實經營、不走短線的草根精神。尤其重視人親土親，在「人人攏好」的處事原則下，廣結善緣，努力回饋地方，呈現了社區型企業的特色，跟公司所在地的社區極為融合。由於是辛苦經營所得到的成果，陳鏡仁兄弟更是謙虛為懷，抱著不斷學習的態度來經營耐斯集團。這種刻苦上進的樸實性格，正是陳鏡仁成功的重要因素。其次，即使出身小農村，家境並不富裕且食指浩繁，陳鏡仁仍能不自棄而奮發向上，終能成就大事業。更

值得仿效的是，陳鏡仁不因成功而驕傲，反而能知恩圖報回饋社會，讓更多人受益。這種不獨占的慈悲胸懷，說明了陳鏡仁的確是 nice 企業家。

「書中自有黃金屋」。學習可帶來財富，企業的經營及獲利也需憑藉不斷地學習。雖然創業維艱，但只要能像陳鏡仁一樣，腳踏實地學習做事、做人，不要一味只想炒短線，即使是「傳統的」產業，精神也能是「先進的」。

 楷模啟示錄

有 nice 學習，才有 nice 企業家，才有 nice 企業。

11 金牌發明家 方瑞豐

　　發明需要創意，更要能見人所未見，否則就無法創造出新東西。發明得靠特殊才華，不論是紮實的教育基礎、豐富的經驗、敏銳的觀察力，或是不滿足的心理，都有賴個人的學習及努力，才能製造出獨特的智慧財產。有人以為大學問家才能成為大發明家，但是方瑞豐曾獲得世界金牌，卻只有小學畢業。方瑞豐自己也「發明」了與眾不同的另類發明家事蹟。

　　方瑞豐生長在嘉義縣中埔鄉，小學畢業後，因為家裡太窮，無法繼續念國中，只好到工廠當學徒。當學徒賺不了什麼錢，只是替家裡省掉一點負擔而已。當了三年學徒，他轉到台南一家飲料公司當外務員。方瑞豐有「胡思亂想」的習慣，沒事的時候喜歡想一些新東西，想出一點頭緒就著手繪圖，再按照繪出的圖形自己製作，就這樣無師自通地發明出許多東西。憑著豐富的想像力，以及自己動手做的精神，方瑞豐雖然只有小學畢業，卻源源不斷的發明出新東西。

　　民國 74 年，方瑞豐以「瓦斯安全總開關」作品，在著名的瑞士日內瓦發明大賽獲得金牌獎，為自己的發明路締造了第一次的光榮紀錄。截至目前為止，方瑞豐獲得專利的發明已超過 12 件，包括瓦斯安全開關、手把開關及蓮蓬頭等，正在申請專利的

還有二十多件。由於台灣的智慧財產權或專利的法令尚未完備，登記的程序又繁瑣，往往方瑞豐還沒有把發明的東西登記為專利、授權生產，仿冒品就已經上市了，這樣的情況讓他很灰心。就連明明已經獲得中央標準局專利登記、且得到國際金牌獎的瓦斯安全開關，都被人誣告說是仿冒品，打了五年的官司。官司雖然打勝了，卻花了大筆金錢和時間。

　　方瑞豐的發明不僅為他帶來榮譽及經濟上的收入，也讓他娶到了一位好太太，為自己帶來了一生的幸福。在獲得瑞士日內瓦發明金牌獎後，方瑞豐返國接受政府高層召見及記者採訪，認識了一位廣播電台的女記者。方瑞豐說，當時他的經濟能力及學歷都不好，根本不敢夢想能娶到這位小姐。方太太則回憶說，當初會嫁給方瑞豐，是看他「土土的」，老實可靠，是理想的終身伴侶。方瑞豐這種腳踏實地的樸實個性，也反映在他的創作精神中。他都是從日常生活情境中，藉由敏銳的觀察力來尋找創造的源頭，絕不好高騖遠。

　　不受限於小學畢業的低學歷，方瑞豐的發明人生靠的是實在的學習態度。他到廟裡拜拜，看到信徒為了風大而點不著香所苦，於是靈機一動，回家後便發明了只要拉開封套就會自動點燃的香。看到家家戶戶為了處理一包包的垃圾大費周章，便發明了大小和洗衣機差不多的家用小焚化爐，無煙無臭，產生的熱量還可燒熱水，不僅便利，且具有相當大的環保效益。

　　從生活經驗著手，發揮時時學習的精神，正是方瑞豐的優點。而從生活場所中尋找創造的素材，願意動腦筋思考，不斷嘗

試改進,則是突破傳統被動學習的弊病。不會因為所發明的東西被仿冒、無法獲得經濟利潤就停止發明,這種內在高於外在動機的態度,則是他持續創造的動力來源。

有高學歷,不見得能夠發明;成為金牌發明家,不見得要有傲人的高學歷。這當中的關鍵在於能不能比別人更用心更用功,願意從生活當中尋找創造的素材。方瑞豐的事例正是最好的註解。

楷模啟示錄

路是人走出來的,發明如此,學習更是如此。

12 小學歷大老闆 郭進財

產業界苦學出身的領導階層及企業家媳婦熬成婆的奮鬥故事，往往是排行榜上的熱門書籍，台塑的王永慶、統一的高清愿、長榮的張榮發等，都是耳熟能詳的例子。在高科技產業越來越重要的趨勢下，分工越精細的市場更是競爭激烈。以資訊通路商來說，雖然龍頭是聯強國際，後面的追兵卻是步步逼近，讓聯強不敢輕忽，其中震旦行就是足以造成威脅的公司之一。震旦行前集團總裁郭進財的崛起過程，值得我們一窺究竟。

宜蘭鄉下長大，私立育達商職夜校半工半讀畢業的郭進財，23 歲時以候補資格考進震旦行，幸運地取得一份工作機會。然而，當上業務員才幾個月，他就慘遭客戶倒帳，遭遇工作上第一個重大的挫折。郭進財一個月賺 1,500 元，每個月還必須按時寄錢回宜蘭貼補家用。被倒帳之後，他決定努力賺更多的錢來賠款，讓父母每個月還是收到同樣數額的生活費。就是因為這個念頭，讓他更勤於跑客戶，從失敗中檢討原因，在挫折中反省自己，因而業務越做越好，並且獲得高層賞識，受拔擢升任為主管。

努力的態度及傑出的表現，讓郭進財在 33 歲就當上震旦行總經理，43 歲擔任董事長，從民國 89 年起，更出任旗下擁有 15

個子公司的集團總裁。從候補業務員到集團總裁,郭進財憑的是敢夢敢拚的精神。長期擔任業務員的歷練,讓他沒有身段,以柔軟的領導方式,贏得同仁的愛戴及顧客的信賴。他是一位溝通高手,總是不厭其煩地與同仁互動,尤其擅長說故事啟發人心。然而,郭進財並不是鄉愿型的爛好人,他統轄旗下四千多名員工、上百位高階幹部,靠的是清楚、明確的數據考核。這種客觀的科學化管理,加上深厚的實務經驗,讓員工不敢怠惰敷衍。

郭進財以只有高職畢業的學歷,卻在高科技通路產業運籌帷幄,又要領導眾多高學歷高資歷的員工,推動集團轉型,所憑藉的是終身學習的態度。他藉著看報紙社論或剪報來閱讀,吸收具有深度的精闢見解。他以謙卑的態度與別人相處,向他人請教。例如與 IBM 及摩托羅拉等大企業來往,讓他從國際企業中學到不少前瞻性的經營策略。其次,從觀察中學習,也是郭進財獲取經營技巧的方式。在日本料理店用餐的經驗,讓他學到顧客至上的服務觀念,並且帶入震旦行,推出 30 分鐘完成手機修理的訴求,讓顧客充分覺得被重視。這些創見都是來自平時的閱讀及觀摩。

在高科技產業中,低學歷而要領導群倫與時俱進,必須不斷的學習及成長,以提升自己的專業,落實經營的效益。高職畢業的郭進財能不被挫折打倒,反而從中獲得突破,靠的是不服輸及築夢踏實的精神。他不因低學歷而自卑,持續自我學習,從閱讀中吸收新知,累積知識。敏銳的觀察力及用心的體會,讓他在日常生活中體會出經營的理念。他柔軟的身段及謙卑的胸懷,不恥

下問向他人請益，更擴大了容納新知與經驗的空間。對於位居要津的高階領導人，這種好學不倦及謙虛的態度非常重要。

　　高權位及高學歷都可能使人傲慢，縮小了學習及成長的空間。郭進財沒有高學歷，卻有高權位。他不斷學習，位高卻不傲慢，因而能保有較大的成長空間！

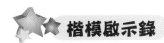 **楷模啟示錄**

　　企業家成功的基礎，在於謙卑的學習態度。

| 第二篇 |

形殘神全的
正港英雄

　　健全的身體是每個人都想要的，然而並非所有的人都能擁有良好的
生理條件。有些人一生下來在生理上便有缺陷；也有些人是因後天的意
外或疾病，而導致身體有了缺陷。不論是先天不足或後天受損，生理上
的殘缺對個人都是很大的考驗。有的人因而自怨自艾、自暴自棄；有的
人卻能越挫越勇，更加奮發向上。電影《雨人》、《我的左腳》所敘述
的故事，現實生活中的美國羅斯福總統、中央研究院許倬雲院士等，都
是令人傳誦的成功傳奇。

　　莊子在〈德充符〉這篇文章中提到，王駘雖然斷足形殘，卻能守住
萬物的樞紐，保有宇宙的本根，因此受到弟子的愛戴，連孔子都想拜他
為師。在我們的社會裡，也有不少人突破了先天及後天的生理缺陷，努
力學習而能有所成就。本篇介紹的 12 位學習英雄，雖然身有殘疾，卻
能在逆境中奮發向上，可說是「形殘神全」的正港英雄！

01 不服輸的電腦機具行家
潘振成

　　機具的操作需要靈活的身手及敏捷的思考能力，一般肢體健全的人不見得都能勝任。而電腦的機具操作，需要熟悉電腦的基本原理及操控技巧，屬於比較精緻細微的能力；一個下肢重度殘障的人，除了失去雙腳的操作能力外，更要克服來自心理及社會的負面壓力。然而潘振成不僅沒有被這些困難打倒，反而經由不斷摸索學習而成為行家，展現了不服輸的英雄精神。

　　一生下來雙腳就重度殘障的潘振成，至今還必須雙手套撐著鋼製的枴杖，才能邁開步伐。國中畢業後，他不顧父母的阻攔，進入高雄市的海青工商，白天學習裝修家庭電器，晚上到學校上課。出師後，雖然學到了優異的電器裝修技能，在找工作時卻因行動不方便，處處遭到拒絕。潘振成空有一身裝修電器的好手藝，卻英雄無用武之地。然而，不服輸的他，並沒有因此被打倒，他聽從朋友的勸告，一頭栽進電腦世界，從最基本的打字排版學起。

　　原本對前途感到茫茫然的潘振成，靠著不輕易服輸的個性，堅持一步一步走下去。改學電腦後，白天在電腦打字公司上班，晚上則進修更高階的電腦系統設計。後來他參加台電電腦機具操作人員選拔考試，自應試的兩百多人中脫穎而出，得到了一份穩

定的工作，任職於台電的鳳山區營業處。平時樂於助人又多才多藝的潘振成，不僅深受同事的歡迎，在電腦技能方面更是不落人後，曾贏得台電 85 年度技藝競賽電腦文書處理第一名。他同時熱心公益，持續參與高雄縣傷殘協會及踏青隊，並在 87 年獲選為高雄縣第一屆身心障礙模範勞工。授獎時，台電的上司還陪他一起領獎共享榮耀，也顯現潘振成受到重視及疼惜的一面。

　　從當初學習電器裝修，卻求職處處碰壁遭到雇主拒絕，到不斷摸索嘗試，轉而從頭學習電腦設計，並於激烈競爭中贏得一份穩定的工作，潘振成雖然下肢重度殘障，仍然奮力走出一條自己的路，獲得模範勞工的肯定。除了不服輸的堅忍精神外，潘振成靠的是勇於嘗試及學習。誠如潘振成本人所言，只要各方面都肯嘗試，他相信天無絕人之路。根據潘振成自己的經驗，只要不斷充實自己的專業技能，讓能力提升到一般水平以上，任何雇主都不至於不接受。他在電腦技能方面持續充實，累積自己的就業資本，讓自己在職場上站穩一席之地，同時也贏得上司的賞識。

　　先天的肢體殘障雖然為個人帶來遺憾，也可能使人在現實社會中遭受不公平的待遇，但是這些劣勢不應是揮之不去的宿命或陰影。自己是生命的主人，就看你如何為自己創造優勢。潘振成就是化劣勢為優勢，成為自己生命主宰，克服先天缺陷的英雄。他有不服輸的精神，不怨天尤人，堅持到底，願意從頭做起。他藉由學習來充實一技之長，兼顧進修與工作，提升自己的專業技能，無懼於外面的就業競爭。他明察就業市場技能需要的改變，接受建議，重新學習電腦，更是清楚學習目標、慎選學習內容的

優越表現。

　　「自助，人助，而後天助。」先天條件較差，更需要自立自強。只要自己學會站起來屹立不搖，別人的幫助、機會、運氣將隨之而來。

 楷模啟示錄

　　學習是人生路上扶持自己向前的最佳柺杖。

02 弱視中透視美景
何啟安

眼睛是靈魂之窗，也是學習的視窗，經由這個視窗，我們得以學習成長。很多人都拿過相機、拍過相片。景觀或人物透過相機的鏡頭傳到我們的眼睛，拍照的人選擇最佳的角度按下快門，留下最美麗的回憶。何啟安患有先天性白內障，卻對自然景觀有敏銳的觀察力，玩相機玩到能拍出具專業品質的照片，並且不斷提升攝影水準，可說是突破視覺生理障礙的學習英雄。

何啟安出生在宜蘭縣社園鄉鄉下，一生下來就因為先天白內障而導致重度弱視。儘管在國小階段成績相當不錯，卻因為特殊教育尚不普遍，而無法進入國中就讀。家人認為他的視力恐怕終其一生都難以恢復，於是安排他學習弱視者傳統從事的行業——算命。青年時期，何啟安追隨伯父學習推拿、接骨等傳統穴道醫療，足足在伯父家學了七年之久。後來由於覺得為人算命會洩漏天機，也是造業障，於是下定決心放棄算命，在家為人推拿賺取生活費。20 歲以前，何啟安的生命幾乎是在黑暗中度過，不僅因為弱視看不清楚明亮的外在世界，未來的人生路似乎也是前途無「亮」。

儘管只是在家為人推拿、賺取微薄的生活費，何啟安卻一點也不馬虎。他兢兢業業地精心鑽研推拿技術，提升自己的服務品

質。名聲逐漸傳了開來，生意越作越好，每天要看上百位病患。或許也是善有善報，一方面也因眼科醫學的進步，何啟安在 22 歲前後動了兩次手術，眼睛得見光明。現在他的左眼視力可達 0.8，右眼比較差，但也有 0.1。和以前完全不見天日比起來，何啟安對自己能夠「重見光明」心存感激，人生也從黑白逐漸變成彩色！

推拿事業興隆時，生活雖然暫時安定無虞，何啟安心靈上卻覺得空虛，這種不滿足的心理，讓他投入照相機所捕捉的影像世界裡。在動手術之前，何啟安的眼睛只能隱約感受一點光線，為了把玩相機、研究如何取鏡，何啟安得把手捲起，只留一小光圈，一個字一個字的讀報紙上的文章，就像螞蟻爬行在字裡行間一樣。由於眼睛不好，他只能選擇對焦容易的單眼自動相機。每天眺望海邊就可以看見的龜山島，便成為何啟安攝影作品的主角及模特兒。一直到現在，儘管他的單眼自動相機已經換成世界級的萊卡及哈蘇相機，但是鏡頭中的主角始終如一，仍然是龜山島。

為了拍攝龜山島，何啟安往往每天一早就衝到海邊，架起相機等待天光雲影，旭日東升，將龜山島一起捕捉入鏡，留下最美麗的一刻。長年下來，累積了數千張的相片。民國 85 年 8 月，何啟安在宜蘭文化中心舉辦攝影展，公開與眾人分享龜山島之美。這些照片不僅展現了他的藝術成就，更傳達了他克服視覺障礙，用弱視的雙眼加上努力的學習及嘗試，所代表的堅毅精神。從沒有受過學院教育，連國中都沒有畢業的門外漢，能無師自通

到舉辦個人攝影展，何啟安獨自摸索學習的求知態度值得學習。尤其是不畏於視力差，吃力閱讀報紙的好學精神，恐怕連雙眼視力良好的人都比不上。他不因弱視而自卑逃避，反而選擇了最需要視力的攝影為興趣，甚至玩出名堂，這種「逆向操作」、不向生理缺陷屈服的好學精神，更令我們敬佩。

　　許多雙眼健全清明的天之驕子，往往閒置了眼睛的功用，浪費了先天上的生理優勢，變成了「弱視」。何啟安用弱視的雙眼卻能透視龜山島之美，留下了美景，他的心理及意志上的視力，絕對超過 1.0！

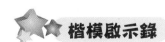 **楷模啟示錄**

　　學習攝影，「用心」比「用眼」更重要。

03 心向太陽 黃乃輝

　　太陽代表光明、溫暖、希望及開朗，「心向太陽」意味著心中充滿陽光，不會感到沮喪、消極及失望。人生不如意的事，十常八九，每個人心中都難免會偶爾失去陽光，覺得灰心昏暗。一位腦性麻痺患者，連平常人說話及走路的動作都有困難，心中卻不意志消沉或怨天尤人，仍然能夠面向太陽充滿朝氣，積極走上人生路，並且勇於學習，主動協助其他需要幫助的人，黃乃輝就是這樣一位學習英雄。

　　黃乃輝 3 歲的時候，因為腦性麻痺的後遺症，導致說話及走路都很困難。13 歲以前，黃乃輝只能在地上爬。看著別人用兩隻腳走路，又方便又快，自己卻是用「四隻腳」爬，不方便速度又慢。13 歲以後，黃乃輝才能一手扶著牆，跌跌撞撞進入小學。然而，坎坷的命運並不止於此。黃乃輝的父母親後來離異，他只好跟著奶奶四處流離遷徙，國中開始，他便挑起生活重擔，靠著擺地攤、賣獎券等零工，艱苦完成學業。從小學到高中畢業，黃乃輝的每一步，走起來都比別人辛苦很多。

　　雖然步履維艱，黃乃輝對學習卻充滿熱忱，他說自己是在嘗試錯誤中學習，是為了迷惑找答案，而不是為了學位去讀書。碰到自己解不開的難題，他會不斷地學習來尋找解答。他經常利用

白天的時間到台大、師大等學校旁聽，大多選擇心理系課程，或是參加一些相關的學術演講，聽聽專家學者的談話。許多大學生都好奇地問他，沒有成績又無法得到文憑，為什麼要那麼認真寫讀書報告及作業。黃乃輝往往答說，你們可以為學位來念書，我卻為了晚上的疑惑，白天來這裡找答案。跟眾多大學生比起來，他更清楚自己要學的是什麼，為何要繼續學習，而不是隨波逐流或茫然無知。

黃乃輝搖擺的身影經常穿梭在台北的大街小巷。他捧著一束束鮮花四處兜售，扭曲的雙腿時常會交叉而把自己絆倒。他說起話來嘴歪眼斜，上牙磨下牙又口齒不清，沒有多少人能聽得清楚。一千多個從摸黑出門到清晨回家的日子，黃乃輝蹣跚的賣花卻不是為了自己，而是要一圓心中的夢想，成立基金會，去幫助和他有相同遭遇的殘障朋友。他把自己的成長歷程寫成《心向太陽》一書，如今已再版十餘次，連根據書籍所製作的錄音帶也已發行八十萬卷，成為暢銷的熱門著作。黃乃輝殘而不廢、力爭上游回饋社會的事蹟，成為社會大眾最佳的教材，也讓他獲選為殘障青年楷模。

黃乃輝的勤於學習是自然不刻意，只要能用心，處處都是教室。他選擇在燈紅酒綠的台北夜生活裡賣花，是想要看盡人生百態，在來來往往的人群中聽聽各種不同的聲音，了解五花八門的人生，好貼近現實生活，進而更務實地面對自己的人生路。在學習路上，黃乃輝更是勇於嘗試，他最喜歡的運動竟然是高危險性的輕航機及潛水運動。他不斷嘗試及超越，是為了更瞭解及肯定

自我，而這也是消除挫折及心理障礙的最好方法。他到大學旁聽，努力投入學習，釋疑解惑，這種不為學位念書的精神，在目前為了學位、文憑而求學進修的風潮下，更值得大多數人反省及學習。

　　身體的障礙不一定是學習的障礙。黃乃輝雖然在人生路上走來跌跌撞撞，卻在學習路上暢行無阻。清楚學習的目的，在生活中自然學習，而且積極嘗試、勇於學習，黃乃輝堪稱是學習英雄，更是學習勇士。

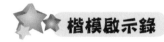

楷模啟示錄

　　心向太陽，學習的幼苗也能滋長茁壯。

04 弱智模範生
杜金山

由於對「智能不足」缺乏認識，有的人可能會把智能不足的人當作是「白癡」、看作是「IQ 零蛋」。但其實「智能不足」只是概括性的說法，當中還細分成可教育性及養護性等不同程度。喜憨兒一類的弱智者，只是智力稍低，只要經過合適的教育及訓練，仍然可以學會基本的工作和生活技能，不需要完全倚賴他人而可以獨立自主。杜金山曾經被當作是白癡，遭受不公平的待遇，還好有哥哥的支持，讓他沒有被放棄而能學習成長。

杜金山出生在清寒的家庭，爸爸是清潔隊員，媽媽因中風常年臥病在床。杜金山小時候是個人見人愛的活潑小孩，不幸在 3 歲多時因發高燒延誤就醫而損傷腦部，導致智能不足。從此杜金山開始了處處是障礙的學習路。幸好杜金山有個好哥哥兼好朋友——杜杰，杜杰從不因弟弟智能不足而覺得丟臉，反而對自己無法在弟弟發高燒時儘早將他送醫治療，而感到自責。因此杜杰更加疼愛弟弟，多年來帶著他跑遍各種啟智、益智班，以及輔導智障者就業的單位。有些單位他們不得其門而入，有些進去之後覺得不適合而退出，學習路上障礙重重。直到進了樹仁基金會，杜金山的坎坷學習路才逐漸趨於平順。

杜金山用左手寫字，字寫得並不好，但用詞還算流暢，而且

字裡行間流露動人的真情。有一次，杜金山家裡養的金魚死了，他吻著死去的金魚哭個不停，並且寫了一首「葬魚詩」。他的詞彙能力極佳，加上真摯的情感，文筆相當不錯。由於外出不便，杜金山大半時間都待在家裡，沒事就拿著國語字典翻，因而學了不少詞彙。他也喜歡看報紙，從中學習。哥哥杜杰說，每次給杜金山零用錢，他總是拿去買各種報紙回家，仔細地看上一整天。因此不論國家大事或社會新聞，杜金山都「秀才不出門，能知天下事」。

進入樹仁基金會後，杜金山的繪畫天分也逐漸發揮出來。在基金會所主辦的一次美展中，他以一幅「信筆塗鴉」的五十呎巨幅畫作，成為風雲人物。這幅畫由 IBM 以八萬元的高價購得，掛在公司的大廳牆上。對智障的杜金山來說，這次美展的輝煌成就，對他是一項極大的肯定。像他這種後天造成的智障，有些學習障礙是由於左半腦受到傷害，至於右半腦主宰藝術創作的功能並未完全消失，如果能有適切的學習刺激，仍然能夠有很好的成就。然而有些人不幸被當作「白癡」看待，也因此失去了學習、發展的機會。

由於表現傑出，杜金山已成為樹仁基金會的模範生兼小老師，有能力指導其他同學做作業、注意生活起居。從找不到學習環境、沒有安定的學習機會，到當同學的小老師，杜金山的經歷讓我們深深體會「天無枉生之才」這句話。後天的教育往往可以彌補先天的不足。如果沒有學習的激發，杜金山在寫作及繪畫上的天分恐怕也會被埋沒。勤於自學的習慣，也讓杜金山學校教育

不足的遺憾大為降低。在家裡翻閱國語字典及閱讀多份報紙，都是簡單輕鬆、不需花太多錢就能夠隨時學習的好習慣，如果能夠日積月累，所產生的學習成效更是顯著。智力正常的人有機會運用更多的生活化傳播媒體來學習，如果也能有杜金山的學習習慣，相信能學得更多！

俗話說：「貧者因書而富，富者因書而貴。」我們也可以說：「弱智者因書而強智。」這裡的「書」也可換成「學習」。所謂「勤能補拙」，勤學不但能補拙，也能開發個人的潛能。杜金山能，你我為何不能？

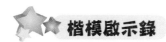 **楷模啟示錄**

用「學習」當放大鏡，來放大原來被小看的自己。

05 盲用電腦的推手
吳春桂

　　電腦和現代人的關係越來越密切，能夠用電腦處理文書及上網查詢資料，逐漸跟聽說讀寫算一樣，是每個人必備的基本能力。電腦的操作大多需要手部及視覺等肢體或感官的協調，視覺有障礙的人需要有特殊設計的電腦，並且要花比常人更多的心力來學習。吳春桂是一位視障者，卻能突破學習障礙、專精電腦，並引進盲用電腦，為更多盲胞學習電腦鋪下了一條平順的道路。

　　吳春桂從小便深深體會到盲生學習的艱苦。進入淡江大學中文系之後，吳春桂和同班同學創立了「啟明社」，是目前「盲生資源教室」的前身。同學為了幫他趕上進度，在啟明社裡，白天由女同學幫他報讀課本，晚上換男同學接手，日復一日，讓他能順利畢業、取得學位。至今吳春桂仍然非常感念同班同學的鼎力相助。

　　在接受他人幫助的同時，吳春桂也一面在思索如何造福其他盲生。大學畢業後，吳春桂擔任台中啟明學校出版組組長。當時電腦還只是少數資訊工程或研究人員的專屬工具，但吳春桂已想到要引進國外已在使用的盲用電腦，讓盲生也能學電腦。於是他編列鉅額預算與中央圖書館台灣分館合作，從海外引進國內少見的盲用電腦。他認為資訊科技的力量將能協助視障者走出黑暗，

為他們打開學習及工作的重要窗戶。現在看來，這樣的看法極具前瞻性，相當令人敬佩。基於這些觀點及心願，吳春桂開啟了視障者學習電腦之路，縮短了視障者與一般人在學習及工作上的可能差距。

然而，盲用電腦的學習及推廣非常辛苦。電腦廠商只提供免費的六天講習，其他一切都要靠自己摸索。當時還沒有人性化的視窗介面，使用者必須熟記各種深奧抽象的指令。吳春桂花了整整一學期的時間，每天下課留在辦公室挑燈夜戰。經過一番努力不懈的艱苦學習後，他終於克服萬難，學會盲用電腦，開始教盲生使用電腦。現在，國內已自行開發出盲用電腦，價錢便宜許多，一學期可以開好幾個班，讓更多盲生學習電腦。吳春桂期待國內能儘早研發出筆記型盲用電腦，讓視障朋友在學習、記錄、開會時更加方便。

吳春桂雖已為人師表，每到寒暑假仍會回淡江大學進修，和學弟妹分享研究發展的科技成果。幾年前他購買了由淡江盲生資源教室研發的中文盲用電腦，開始和年輕的朋友一樣學習上網。他平常喜歡上網蒐集教材資料，跟網友分享資訊，並在民國 87 年獲選為網路金像獎「終身學習楷模」。這個獎項可謂實至名歸，但他卻仍謙虛地說，得獎的最大意義是在鼓勵視障朋友走出黑暗、學習科技，為自己開創光明的人生。吳春桂克服視覺障礙、學習電腦的勤學態度值得敬佩，對於對電腦懷有恐懼感的朋友也是很大的鼓勵。吳春桂能，耳聰目明的人也能。持續學習的好學精神，讓他跟得上電腦發展的趨勢，從文書處理到上網，與

時俱進。更值得肯定的是吳春桂「己所欲，施於人」的胸懷，他不但自己學會電腦，也積極推廣並教導他人，幫助更多的盲胞在資訊時代學會運用科技，走向光明。

　　「科技始終來自人性」，科技本身應具備人性的關懷。不斷出現的新科技產品，大都能考量諸如視障等弱勢族群的特殊需要。然而更重要的是要能像吳春桂那樣突破學習的身心障礙，科技才能真正無障礙。

 楷模啟示錄

　　心中沒罣礙，學習無障礙。

06 躺著考進大學 姚綠豔

後天的身心障礙對一個人的挑戰，往往比先天障礙來得嚴苛。曾經擁有而後失去，必須面對「從有到無」的煎熬，挫折感遠比「不曾有過」來得大。姚綠豔就是「從有到無」的例子。她原本四肢健全，卻因為疾病而導致全身癱瘓，如此晴天霹靂的打擊卻沒有讓她一蹶不振，反而更加奮發向上。姚綠豔是一位真正打不倒的學習英雄！

姚綠豔國小五年級時發現罹患類風濕性關節炎，國中時病情加重導致全身癱瘓，不得不中途輟學。突來的病變，使一個剛進入青春期，應該是充滿青春朝氣與活力的少女，一下子失去行動能力，必須依靠輪椅及他人的協助才能行動。從肢體健全到癱瘓在輪椅上，這種打擊對任何人來說都有相當的殺傷力。如果沒有堅強的意志和毅力，不僅在生理上要終生癱瘓，心理上也會變得一蹶不振，從此被命運打敗。然而纖弱如姚綠豔，雖然在生理上癱瘓了，在心理及精神上卻更加勇敢。

雖然全身癱瘓、不良於行，姚綠豔在學習路上依然勇往直前。她從不覺得自己和正常人有什麼不同，也不會以行動不便為藉口，為自己留後路。在 70 多歲的母親及外甥女的陪伴下，姚綠豔努力在家自修，參加各級自學鑑定考試，並在民國 86 年考

上東吳大學進修教育學士班會計系。憑著在家自學，她一路從國中肄業、高中同等學力到考上大學的夜間進修學士班，考試時都必須躺著作答，可以說是「躺著前進」。一路走來，絕對比常人更加辛苦。

　　在東吳大學進修教育學士班會計系念書時，姚綠豔得到教會同學及朋友的主動幫忙，能夠擁有較便利的學習生活。姚綠豔在學校奮發向上的學習精神，對其他無障礙的同學來說，也提供了一個很好的學習榜樣。由於晚間上課及學校的無障礙措施不夠完備，姚綠豔決定參加大學聯考，進入大學日間部就讀，以減少學習障礙。參加聯考時，十多名特殊考生中，只有姚綠豔一個人躺著作答。兩位姪女提著冰桶及棉被，在一旁幫助她調整書寫的角度。此情此景令人動容。

　　姚綠豔不向命運屈服，努力不懈向大學之路邁進的學習態度，讓四肢健全的學子都會覺得汗顏；然而，姚綠豔卻不覺得自己有什麼特殊。她從不因自己的身體與一般人不同而受限，一直以永不放棄的精神努力想做一些事情。「永不放棄」可說是姚綠豔的精神寫照。從肢體健全到全身癱瘓，她不曾放棄希望，更不曾放棄學習。即使從學校輟學，仍然自學不斷，經過一次次的檢定考試，終於走進大學窄門。在這個拾級而上的學習過程中，姚綠豔比別人要付出更多的努力。尤其在家自學不比在學校，沒有老師及同學協助，更需要強烈的學習動機和毅力。這種自學的精神，正是終身學習的必要條件。其次，姚綠豔很清楚個人的學習需要，想從夜間部轉到日間部，給自己更多的選擇。對於隨波逐

流、人學亦學的人來說，這種主見值得學習。

　　儘管不良於行，必須以輪椅代步；需要躺著考試，還得時常翻身調整姿勢，姚綠豔依然能夠擠進大學窄門。只要有堅毅的學習精神，不論是用跑的、走的、爬的，或躺的，都能擁有自己的「大學之道」。

 楷模啟示錄

　　疾病或許可以癱瘓我們的身體，卻無法癱瘓我們向學的精神。

07 攀峰勇士 朱仲祥

　　現代人在面對現實生活中各種挫折時，往往容易自暴自棄，被逆境打敗，甚至走上自殺一途。尤其是景氣不好的時後，股市投資套牢賠錢或丟了工作失業的人，也心灰意冷走上絕路。懵懂的青少年甚至把自殺當作時髦流行的事，不懂得愛惜生命。對一位從小和肌肉萎縮症搏鬥，生理正逐漸枯萎的「漸凍人」來說，輕言自殺是對不起自己、家人及關心自己的人。攀峰勇士朱仲祥珍惜生命、好學向上的精神，充滿對生命的熱愛與尊重。

　　朱仲祥 5 歲時父母離異，6 歲罹患裘馨式肌肉萎縮症，8 歲時父親又因血癌過世，從小在孤兒院長大，似乎被坎坷的命運所束縛。在生心理的雙重煎熬下，幼小的心靈格外早熟，對生命逐漸有更深刻的體會。朱仲祥雖然全身的肌肉不斷在萎縮退化，不僅洗澡、如廁、睡覺翻身都必須靠別人協助，呼吸功能也在逐漸衰竭中，睡覺還需要靠人工呼吸器，然而他堅強的意志力卻不萎縮，對生命的珍惜，讓他比醫生預期的多活了二十多年，成為國內活得最久的肌肉萎縮症患者。相對於一些輕言自殺的人，朱仲祥表現了堅忍的生命力，他說，只要能夠呼吸，他就能活下去。

　　身體的退化，阻擋不了朱仲祥爬上人生路，也無法讓他放棄對學習的熱愛。父親「努力讀書，用知識創造未來」的遺言，讓

他努力求學不懈，不但自修英語及學校各科學業，取得小學同等學力及國中夜補校的資歷，甚至還參加大學聯考。雖然沒考上大學，他仍在空中大學進修。朱仲祥自修學習英語，口語表達能力不遜於一般大學生，成為他和國外朋友分享經驗的最佳工具。他還受聘為財團法人添火文教基金會的執行秘書，四處演講、募款及寫書，協助殘障者學習電腦技巧及獨立自主。

對於越來越普及的網際網路，朱仲祥不但不覺得是殘障者的學習障礙，反而認為是他們獨立自主及贏得社會尊重的一扇門，他常鼓勵殘障朋友要儘早學習電腦，開闢自己的人生路。他第一次看到電腦是 20 歲左右，擁有的第一部個人電腦則是善心人士送的。受到肌肉萎縮症的影響，朱仲祥雙臂、手腕、十指在細部動作上都受到很大的限制。然而在吃力的敲敲打打中，他已從 PE II 個人文書編輯和八位元電腦大鍵盤中走過來，使用過 486 的筆記型電腦，操作起來也更加熟練。經常悠遊於網際網路之中，讓他找到了一扇通往資訊與知識的大門。

朱仲祥認為挫折、打擊是人生的功課，珍惜生命、擁抱希望，有愛才會有奇蹟，每個人的生命都有價值。這種自我肯定及充滿希望的樂觀積極態度，也表現在他的學習精神上。他揚名海外，受邀到新加坡、美國及大陸地區演講，和更多海內外朋友分享他的成長奮鬥故事。朱仲祥不畏身體的日漸萎縮，努力自學，在英語及電腦上的學習成就斐然。他的事蹟告訴我們，即使生理有嚴重障礙，也千萬不要放棄，對於生命及學習，這都是一股強烈的向上動機。英語及電腦都是工具，讓他在生活、工作及學習

上具備更佳的學習條件，也因此開闢出更寬闊的生命及學習之路。

　　身體可以退化，但是生命不能萎縮、學習不能放棄。朱仲祥愛惜生命、擁抱希望，延伸了生命的長度。他的努力向學，充實了生命的品質。這種向上爬行的毅力，足以讓我們敬佩地稱他為「攀峰勇士」！

 楷模啟示錄

　　學習能為枯萎的身體注入旺盛的生命力。

08 樂自心中來
鍾宜芳

　　學音樂是很多人的夢想。在望子成龍，望女成鳳的期待下，以及「學音樂的孩子不會變壞」的觀念下，越來越多的父母，讓子女從小就學習音樂。很多小朋友看著別人彈奏樂器，不由得心生羨慕，學校中的樂隊也往往是引人注目的美麗隊伍。要學習音樂，聽覺扮演著很重要的角色。聽覺若有障礙，學習音樂往往困難重重。不過，對於鍾宜芳來說，聽覺上的障礙絲毫無損於她對音樂的熱中。

　　鍾宜芳的媽媽是古箏老師，懷孕時便常想像小孩出生後要將她調教成一位古箏高手。沒想到造化弄人，鍾宜芳在 2 歲時因一場大病而失去聽覺，媽媽的期待及教育方式必需大轉彎。小學三年級時，鍾宜芳的學習狀況相當差，父母親非常擔心，嘗試用各種方法教她，都無法引起她的學習興趣。後來媽媽以教她古箏為獎勵——只要她在學校表現好，放學後就可以學古箏。這一招竟然奏效，從此鍾宜芳樂在其中，燃起了學古箏的樂趣，也開啟了她美妙的音符世界。

　　由於從小看著媽媽教古箏，鍾宜芳對於古箏非常好奇。學習古箏後，她的各種學習能力都跟著進步。對於學習古箏，鍾宜芳極有耐心，為了讓她體會節奏感，媽媽在她身上打拍子。雖然聽

不見聲音，但是鍾宜芳看到媽媽演奏的表情及弦的波動，也學會在演奏時投入感情。為了讓鍾宜芳能和其他小朋友一起合奏古箏，媽媽會事先教她熟練曲目，讓小朋友心服口服地配合她彈奏。因此鍾宜芳不僅能獨奏，也學會合奏，體會到協同合作的需要，可以說和正常人沒有兩樣。

在古箏的世界裡，鍾宜芳找到了自信心，結交了許多朋友，人生路也更加開闊，聽覺障礙的影響愈來愈輕微。鍾宜芳會彈古箏一事，在校內傳開來，贏得眾多師生及家長的稱讚。儘管如此，鍾媽媽卻不希望她繼續往古箏之路發展，畢竟聽障者在學習音樂的過程中要比一般人來得辛苦。媽媽只希望藉由彈奏古箏，讓她肯定自己、建立自信，讓她明瞭，如此困難的事情都可以克服，其他事情更能做到。

身為聽障，卻能克服身體的缺陷彈奏古箏，還能和其他人一起合奏，鍾宜芳可說是成就了不可能的任務。學習音樂需要音感，聽覺障礙是很大的致命傷。但是，憑著媽媽的教導及自己的努力，鍾宜芳克服生理上的缺陷，成功學會彈奏古箏。對於升上國中的鍾宜芳來說，這種已經建立的自信及努力的經驗，是她往後繼續學習和發展的最大資本。只要努力就有希望，鍾宜芳的故事說明了，即使學習音樂，努力仍然要比生理上的條件好壞來得重要。所謂天無枉生之才，雖然聽覺有障礙，只要努力學習，發揮其他感官的功能，仍可以彌補聽力上的缺陷。學習，能夠幫助個人刺激更多的感官，開發更多的潛力。越學習，越能挖掘潛力。

　　樂聖貝多芬晚年的聽障，金門王及李炳輝在視力上的障礙，都無損於他們在作曲及演唱等方面的音樂成就。意志力及努力，比感官的好壞更加重要。聽障的鍾宜芳用她的事蹟證明了這個說法。

 **楷模啟示錄**

　　美妙的音符，要用心來傾聽，用努力來彈奏。

09 書山有路輪為徑
劉偉正

　　近年來，大學聯考錄取率節節升高，考上大學已非不易之事，有人甚至開玩笑說：「考不上比考上還難！」在「萬般皆下品，唯有讀書高」的價值觀影響下，父母還是期待子女能考上大學，念大學仍然是多數人追求的目標。對於從小不良於行，以輪椅代步，出入需要別人抱進抱出的人來說，在學習路上辛苦走來而考上大學，這種歷經艱辛後所嘗到的果實，份外地甜美。劉偉正就是這種值得大聲歡呼收割的人。

　　劉偉正一生下來就因腦性麻痺而重度殘障。他講話不清楚，行動又不方便，但難能可貴的是他認真求學，而且乖巧隨和，讓人喜歡接近他。他不因自己先天重度殘障，需要靠別人攙扶、行動不便而怨天尤人或自暴自棄。這種自我接納的態度，養成了他積極樂觀的進取心。同時，由於他不封閉自己，加上待人和氣，因此人緣很好，在艱辛的學習路上得到很多同學熱心的幫助，成為他從國小一路升學上來的支持力量。

　　媽媽對劉偉正無微不至的照顧，更是他學習過程中最大的支持力量。劉媽媽有過婚姻失敗的傷痛經驗，多年來母兼父職，獨立扶養兩個兒子，母子三人相依為命。兩個兒子都很爭氣，老大讀醫學院，最讓她擔心的劉偉正也以第一志願考上國立中正大學

資訊工程系。劉偉正出生時，身為虔誠基督教徒的劉媽媽得知孩子患有腦性麻痺，直覺是上帝對她的懲罰，立即跪求上帝認罪禱告，並祈求上帝用大愛幫助她走出新的人生。這種信仰的力量，正是支持劉偉正的活水泉源。劉偉正的哥哥也很能體貼媽媽和弟弟的心情，常常分憂解勞，邀請同學來家裡陪弟弟玩。媽媽和哥哥無怨無悔的照顧，成為推動劉偉正學習前進的最大力量。

劉偉正雖然行動不便，但是腦筋很聰明。回首學習路，他在國小及國中都是全班第一名，國小畢業得到縣長獎，國中獲得群育獎。如此耀眼的學習成就，要歸功於劉偉正的努力不懈。由於一路上得到家人及同學的幫助，得以順利考上國立大學第一志願，就讀於熱門的明星科系，劉偉正懷著感恩回饋的心情，參與各種社會服務。劉媽媽服務的教會常在監獄傳播福音，教會牧師便邀請劉偉正到監獄當見證，以自己的經歷現身說法，鼓勵一時失足誤蹈法網的年輕人改過向善。對於牧師的演講邀約，劉偉正總是義不容辭的熱情應允。

先天腦性麻痺的生理障礙，並沒有阻礙劉偉正的學習，也擋不了他的升學之路。雖然生理有缺陷，但加倍的努力讓他能夠名列前茅，考上當紅的科系。開放的胸襟，讓劉偉正不僅擴展人生的學習路，也贏得良好的人際關係，得到同學長久的熱心協助。功成不驕的胸襟及知恩圖報的精神，使他樂於回饋社會、參與服務，並且分享他的努力及成長經驗。雖然是靠著眾人的支持幫助才能有今天的學習成就，但關鍵還是在於劉偉正積極的自我觀念、開放的心靈，以及持續的努力。

　　精神上的努力能夠超越生理的表面障礙。劉偉正的金榜題名，值得敬佩的不僅是那第一志願的明星科系，更包括他以輪為徑、滑向書山的過人毅力。

楷模啟示錄

　　以輪可以代步，以勤可以補拙。

10 失聰藝術家 烏賈斯

　　有人曾說過：「上帝是公平的。」當祂忘了給你某項能力，祂會在其他的能力上加倍還你。所以，視障的人，可能聽覺會特別敏銳；雙腳殘障的人，可能雙手更加靈巧有力，真的是天生我才必有用。我們無法得知這究竟是上帝的補償，還是感官能力的替代強化效果，然而，在真實的生活中，確實不難發現類似的例子。烏賈斯就是其中之一。烏賈斯童年失聰，失去聽力卻讓他的觸覺更加敏感，發揮創意作皮雕。原住民的身分，更使得他格外耀眼。

　　住在屏東來義鄉，烏賈斯用的是他的原住民名字。他在 4 歲因發高燒而變成聾子，喪失了聽力。身為大頭目家中的長子，他並沒有因此而失學，而是被送往啟聰學校就讀，然而這也使他從此生活在沒有聲音的世界，接任頭目的可能性也越來越低。失去了聽覺，對於原本將接任大頭目的烏賈斯來說，可說是莫大的打擊。然而，人生路並非只有當大頭目一途，此路不通自有他路，烏賈斯就是從特殊學校的學習開始他不同的人生路。

　　在啟聰學校中，烏賈斯接受了美術的基礎教育，扎下了日後藝術創作的根柢。有了美術的基礎，加上原住民與生俱來的藝術細胞，對色彩獨特的敏銳感，烏賈斯逐漸展露他在藝術創作方面

的才華。從啟聰學校畢業後，烏賈斯在賞識他的老師帶領下，曾擔任過兒童美術班的指導老師，亦偶爾玩票性質的做做皮雕。結婚生子之後，烏賈斯為了生活放棄他所喜愛的美術工作，四處打零工。六、七年的鐵工生涯於漂泊中度過，但是命運之神並未眷顧他們一家人，烏賈斯的太太不幸墜落溪谷身亡。烏賈斯於是返回山上，重新開始他喜愛的皮雕工作。

在偶然的機會裡，烏賈斯巧遇來自同村，在高雄勃肯名鞋專賣店「不打布妻」工作的陳小姐，兩人一起在屏東市開設分店，展開了相互扶持的奮鬥生活，也開啟了他人生中另一條更寬闊的路。烏賈斯以其皮雕技術，將勃肯鞋的造型雕刻在記事本上，設計出多姿多彩的勃肯鞋封面記事本，呈現了原住民傳統藝術現代化的一面。他的作品擺放在勃肯鞋專賣店內，不但相當具有特色，也成為顧客收藏的最愛。

聾啞的烏賈斯克服了生理的障礙、命運的波折，以對藝術的特殊感受力在挫折中奮起。土法煉鋼式的無師自通，開發了他在皮雕藝術創作的潛能，為自己開啟了一條寬闊的生路，也發揮了原住民的傳統特色。烏賈斯的經歷驗證了天生我才必有用，即使喪失了聽力，仍能從其他方面找到出路。在啟聰學校的學習，奠定了他創作的基礎教育，說明了適度的學習有助於基礎的奠定。而他結合原住民文化及德國名鞋設計的創作理念，更是融合東方傳統與西方現代的創新作法，頗具有藝術和商機的價值，這也是他善於嘗試、學習、突破的成果。

烏賈斯雖然當不成大頭目，卻成了皮雕藝術家。如果不是因

為他不輕易被命運打敗，勇於嘗試，充分將所學運用在藝術創作上，他可能還是一個四處打零工的鐵工。因此，肯上進、能學習，可以改變一個人的命運。

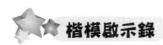 **楷模啟示錄**

大頭目與藝術家的差別在於：遵循或創造生命。

11 超凡公費留學生 劉文哲

　　失去雙眼的視力有如失去光明，人生似乎是黑暗的。若因後天因素使得視力喪失，頓時從光明走進黑暗，對個人所造成的打擊更大。然而，對劉文哲來說，這種灰天暗地的挫折並沒有打敗他。儘管失去雙眼，劉文哲仍然一路攀升，考上大學法律系，甚至參加教育部第一屆身心障礙公費赴德留學考試。劉文哲堪稱是異於常人的超凡公費留學考生。

　　劉文哲並非一生下來就失去視力。在小學六年級前，他跟其他小朋友一樣，是一個活蹦亂跳、天真無邪的孩童。孰料，小學六年級時，他代表學校參加南投縣水里鄉公所的戲劇演出活動，老師分派他演出一個拿著爆裂物的角色，沒想到爆破時竟然發生意外，不但造成雙眼失明，右手掌也截斷了。遭受如此突如其來的意外，讓原本前程「光明」的孩童，一下子掉入黑暗之中。堅強的劉文哲卻沒有因此被打倒，他回憶說，眼睛突然看不見，最大的改變是讓自己從一個活潑好動、坐不住的小孩，變成能夠靜下來讀書。

　　化劣勢為優勢，在逆境中走出順境的劉文哲，國小畢業後進入台中啟明學校就讀。在啟明學校時，劉文哲受到一位文化法律系畢業的視障老師啟發，因而立志將來要念法律系，從法律層面

為身心障礙者爭取福利。民國 84 年，劉文哲順利考取中興大學法律系，是該系創系以來第一位全盲生。在校期間，劉文哲所需要的點字教材及有聲書，都由中興視障學生資源教室與淡江大學盲生資源中心合作提供。不過，有聲書的錄製往往緩不濟急，無法充分符合需要，偏偏法律又著重文字，不能掛一漏萬，劉文哲只好上課時認真聽課，以彌補參考書籍不足的問題。

雖然讀來辛苦，劉文哲在中興大學法律系就學期間，功課一直維持在全班前十名。然而他也告訴自己，名次並不重要，學到什麼才重要。大學畢業後，他決定參加公費赴德留學考試，靠著家人及萬華立心基金會的資助，苦讀德文。在台灣，德漢或漢德點字字典極為缺乏，德文的有聲書或廣播也不多，劉文哲只好自己聘請家教，一字一字讀德文。劉文哲是教育部公費留學考試第一位全盲考生，不論考試的結果如何，他的坎坷求學過程，以及在逆境中奮發向上的態度，都值得耳聰目明的人學習。

劉文哲的學習精神貴在不畏後天生理上的打擊。雖然失去觀看世界的靈魂之窗，他反而選擇了閱讀份量繁重，且對文字、語言能力要求嚴苛的法律系就讀。這種在逆境中奮起的逆向操作方式，主要是來自劉文哲堅忍的毅力，以及勇者的學習精神。其次，劉文哲善於規劃學習生涯，很早就下定決心要念法律系。及早決定學習目標，讓他減少了盲目摸索的時間，之後他也儘早堅定繼續升學的決心，甚至規劃出國深造。而在學習方法上，劉文哲除使用傳統盲生的特殊工具外，很清楚自己的需要及優缺點，藉由課堂的聽講及筆記，或是一對一的家教方式，來補足學習資

源的不足，同時充分滿足個人的學習需求。凡此種種的學習方法，顯示劉文哲是眼盲心不盲的傑出學習英雄。

　　學習路雖然坎坷不平，負笈他鄉深造的路也漫長難行，但對於雙眼失明、右手截肢、一心要念法律的劉文哲來說，毅力及上進的心，就是他繼續學習的前進導航明燈。

 楷模啟示錄

　　「亡」了「目」不等於「亡」了「心」，有「心」就有希望。

12 輪椅教授 蕭宇超

　　四肢癱瘓、不良於行的人，不僅生理上必須承受比別人更沉重的負擔與不便，在心理上更要承擔自卑頹喪的壓力。能夠克服這些現實缺陷，不被先天的不利條件打倒，反而能力爭上游，取得博士學位，成為國立大學的教授，以輪椅代步的蕭宇超，是一位具有「宇」宙「超」人般毅力的學習英雄。

　　蕭宇超從小罹患重度小兒麻痺，四肢癱瘓，一天 24 小時都需要專人照顧，行走完全要靠輪椅。身為輪椅族，蕭宇超不諱言在社會上往往有「矮」人一截的感受，在身心方面都需要面對許多不便與困難。國內的殘障福利措施雖然已有進步，但仍需要更多的努力。殘障人士不僅需要無障礙的行動空間，更需要一般人在心靈上及思想上提供更大的空間。可是，在我們的社會中，輪椅族經常是寸步難行，連無障礙的行動空間都無法擁有。

　　為了突破肢體上的限制，蕭宇超必需比別人付出更多的努力。他的雙手虛弱無力，連筆都無法握，必須用嘴巴咬著筆桿敲打電腦鍵盤，比常人耗費更多的時間及精神。然而在學習路上，他竟如此一路刻苦走來，而且似乎越走越順。蕭宇超大學念的是東海外文系，他受到一位美國客座教授的影響，對語言學產生了濃厚興趣。大學畢業後，蕭宇超選擇極具挑戰性的語言學為專攻

領域，到美國加州大學留學。在民國 80 年取得語言學博士學位。

　　由於蕭宇超博士論文所研究的「韻律、聲調、語法的三角關係」，在國內語言學界尚屬創新的看法，因此畢業回國後，政大、清大等大專名校便競相爭取他擔任教職。蕭宇超選擇到政大語言學研究所擔任專任教授，也參與清大語言所的研究生論文指導。在語言學的研究上，蕭宇超全心全力投入，不僅勤於進行國科會的專案研究，也逐漸擴大探討的領域。他目前專攻漢語的變調，尤其是變調較多的台語、國語，另外也涉及客家話的聲調研究。蕭宇超在學術上的傑出成就，曾獲政大頒授「優良研究教師楷模」，肯定他在語言學上的研究努力及成果。

　　蕭宇超不僅在學術上有優越的成就，他不畏四肢重度殘障、力爭上游的奮鬥精神，也讓他獲得前台灣省政府頒發「金毅獎」，以及救國團的「青年獎章」。蕭宇超成就了不可能的任務，證明路是人走出來的──不管是用雙腳或是輪椅。在學習路上，蕭宇超全然不受肢體重度殘障的影響，「以口代手」，用「敲」的方式寫字求學，比別人花了更多的時間及精神，卻也得到比別人更多的成就及掌聲，這種學習勇氣值得鼓掌。其次，蕭宇超不畏艱難，藉著持續的自我挑戰來滿足自己的興趣，也開發了個人的潛能。他選擇了困難的語言學為專長，卻也因此為自己帶來更多的競爭優勢及機會。這種偏往難處鑽的精神，很值得現在受速食文化影響的新新人類效法。蕭宇超的成就也顯示，要進入大學學術殿堂執教，只要有真才實學，縱然以輪椅代步，也不

致被拒於門外。

　　大學之道無他，勤奮而已。不論是要進入大學念書或任教，靠的是勤奮及努力。肢體重度殘障的蕭宇超都能以口「敲」進大學、以輪椅「滾」進大學，一般肢體正常的人，路上的阻礙應當更少了，更應勇往直前！

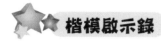 **楷模啟示錄**

　　「矮人一截」的輪椅教授，有「高人一等」的成就。

第三篇

英雄不怕
運來磨

　　人生在世，不如意事十常八九。佛家人將人生俗世喻為修煉的苦海，意味著吃苦乃是人生常態。除了生老病死、生離死別的悲苦常情外，是人也難免遭逢突如其來的意外，或是不慎失足犯錯。常言道：「真金不怕火煉」、「浪子回頭金不換」。一時的挫折並不可怕，最怕的是一失足成千古恨，一時跌倒卻一蹶不振。司馬遷入獄被閹而成《史記》，樂聖貝多芬晚年幾近失聰卻完成第九號交響曲。天將大任於斯人也，必先苦其心志、勞其筋骨，此類事例中外不勝枚舉。

　　本篇的 13 位學習英雄，都是走過時運不濟的考驗，克服人生意外的挑戰，而能不被命運打倒，甚至更加奮起的勇士。這些英雄曾經經歷「從有到無」或失足出軌等後天激烈的掙扎及難關，時運是他們的「絆腳石」也是「墊腳石」。他們藉著學習，走過短暫的陰霾，甚至攀登上人生更高的山峰。

01 破窗而出的台灣囝仔
楊宗勳

　　在人生的路上，難免有人踏錯腳步，因為一時糊塗，或交友不慎、受人連累而誤入歧途。最難能可貴的是出了差錯而能迷途知返，金盆洗手，重新做人。每年大學聯考放榜時，媒體常會關心有多少獄中受刑人考上大學。對於這些曾經犯錯而受到法律制裁的人來說，只要在獄中素行良好，肯改過自新，用功念書上進，社會仍充滿著寬恕與包容，以及發展的空間。從「殺人犯」到「留英碩士」，楊宗勳就是一個「浪子回頭金不換」，為自己開闢人生坦途的例子。

　　楊宗勳從小功課底子不差，中學時念的是南台灣的明星學校──私立鳳和中學及台南一中。後來雖因誤交損友被迫轉學至高雄中學，念的還是一流學校，對自己的未來也充滿憧憬。不料，有一天，楊宗勳在火車站遭一群不良少年誤打，在情急之下他本能地以銼刀自衛，卻不慎刺傷其中一人導致不治，因而犯下殺人罪，被判刑十年。對一個懷抱著未來光明希望，正蓄勢待發的青少年來說，這種突如其來的打擊，就彷如掉入山谷的黑暗深淵之中，看不見任何光線和希望。

　　迷糊之中入獄服刑，楊宗勳原本以為這輩子再也沒機會翻身，而且被烙上「殺人犯」的前科，未來的人生路更是坎坷難

行。所幸命運之神給予協助，當時台南監獄正好設立樹德補校，楊宗勳的功課底子很紮實，順利成為第一屆的補校學生。他連作夢都沒想到坐監服刑竟然還能夠念書，因此格外珍惜這難得的寶貴機會，念得更加勤快，成績始終維持一枝獨秀，名列前茅。畢業後參加大學聯考，更以高分考上國立中山大學海洋資源學系。雖然是有前科的「老」大學生，楊宗勳卻更加珍惜求學的機會，在功課上的表現不比其他年輕學生遜色。大三時還被推選為全國優秀青年代表，接受總統表揚。

大學畢業後，楊宗勳希望到美國繼續深造。然而在申請學校時，卻因為犯有殺人前科而被學校拒絕。他轉而申請英國的學校，順利進入艾塞斯大學的生物研究所就讀，取得碩士學位，是國內監所補校受刑人榮獲國外學位的第一人。返國後，楊宗勳回到母校中山大學任教，開啟了輝煌的重生之途。楊宗勳從來不刻意隱瞞自己的過去，也不像多數受刑人那樣，離開補校後就和校方形同陌路。他不但和學校保持密切的聯繫，而且「隨傳隨到」，經常抽空返校演講，勉勵在學的受刑人。

基於感恩回饋的心，楊宗勳積極投入社會公益服務。他把自己的親身經歷寫成《台灣囝仔》出版，讓更多人分享他的心路歷程，鼓勵曾經誤入歧途的人。雖然意外誤殺而成為「殺人犯」，楊宗勳卻從來沒有放棄自己，本著原來不差的功課底子，朝升學路上挺進。即使留美之路遭受挫折，他也沒有因此放棄留學的希望。對學習的珍惜與執著，是楊宗勳升學有成的重要動力。條條大路通羅馬，楊宗勳在獄中服刑，仍能把握進修機會，循著獄所

補校的管道走進大學窄門。所謂「路不轉，人轉」，楊宗勳願轉、能轉，而能創造機會。更難能可貴的，楊宗勳學業有成後，能夠知恩圖報，回饋社會，鼓勵更多人像他一樣迷途知返，藉由努力學習讓人生由黑轉白，這種精神值得敬佩。

　　縱然一時失足入獄，失去了自由，但是，監獄關不住個人奮發向上、回到正軌的心。只要不放棄自己，社會就不會放棄你，機會可能因此而隨之開啟。

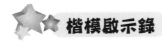

楷模啟示錄

　　放棄努力的消極心態，是困住自己的無形鐵窗。

02 樂當別人的左右手
許焙凱

　　手是人類重要的器官，也是接觸外在世界及參與勞動的重要工具。對於習慣用右手做事及寫字的人來說，右手的重要性不言而喻。然而，一位不幸在車禍中失去寶貴右手的人，不但沒有因此而鬱鬱寡歡、意志消沉，反而更加樂觀積極，樂於幫助他人，主動向別人伸出援手，成為別人的「左右手」。在生理上，他雖然失去右手，在精神上，他卻完好如初，這個令人敬佩的學習英雄就是許焙凱。

　　人生的起伏讓人捉摸不定。民國 85 年夏天，許焙凱剛考上人人稱羨的第一志願——嘉義高中，本想在開學前好好的享受假期。8 月 23 日，表哥開車載著他和妹妹回新港探望祖父母，不料在民雄農工前被砂石車撞上。粗重的砂石車「騎上」許焙凱所搭乘的轎車，轎車被壓扁成一堆廢鐵。坐在前座的許焙凱被夾在車內，右手臂當場斷裂，嘉義救難協會花了一個多小時才將他搶救出來。原本一趟美麗的返鄉之旅變成了痛苦的夢魘。

　　堅強的許焙凱並未因此而悲傷喪志，反而在挫折中逐漸培養出勇氣。車禍第二天，他就在病床上練習用左手寫字。住院兩週，他天天向醫院請假，白天忍著疼痛到學校上課，晚上再回醫院治療。後來他用左手寫了一篇文章〈從挫折中培養勇氣〉，敘

述自己的心路歷程。他說他從來不曾放棄自己，總是對未來充滿信心。老師看了非常感動，特別將這篇文章貼在公布欄與全體同學共勉，許焙凱不畏挫折的精神從此成為同學的楷模。

車禍出事之後，許焙凱沒有掉過一滴眼淚，反而回過頭來安慰傷心的家人。許焙凱勇敢樂觀的說，幸好他還有左手，腦部也沒有受創，可說是不幸中的大幸。同時他也不改喜愛運動的本性，仍然單手打籃球、游泳，校慶時還參加跳高比賽，平常也很喜歡打電腦，自己設計網頁及電子郵件。他心中的第一志願是成功大學航太工業系。許焙凱充分應用左手，讓左手更加靈活，彌補了失去右手的缺憾。他在運動場上活蹦亂跳，幾乎忘了自己沒有右手，神勇如昔！

右手的殘缺使許焙凱不忘隨時幫助別人。他的個性開朗，與同學相處融洽。為感念嘉義救難協會的救命之恩，許焙凱捐出六萬元為協會購置一套潛水救生設備，同時也分別捐兩萬元給嘉義市殘障庇護中心及新港扶緣聯誼會等弱勢團體。知恩圖報及悲天憫人的胸懷，讓他忘記自己也是肢體殘障的人。曾經琴藝超人，有「許孔鏘」之稱，允文允武的許焙凱從人生的打擊中學到了勇敢樂觀，走過了失去右手的陰霾。即時練習左手以取代右手的積極，讓他沒有因缺乏右手而感到不便；將車禍補償金利息及獎學金不定期捐給慈善團體，表現了開闊慈悲的胸懷和利他助人的精神；不服輸的勇氣，讓他依然能活躍於運動場及電腦，持續動靜皆宜的學習。

　　失去右手的許焙凱，常常成為別人的左右手。藉由幫助他人，他更加的充滿樂觀及信心，學習路也隨之開闊寬廣。

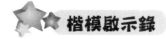 **楷模啟示錄**

　　一隻幫助別人的手，比一雙只供自己用的手更偉大。

03 伴兒自學的媽媽
柯惠嬋

　　天下父母心，無不望子成龍、望女成鳳，對子女的未來充滿期許。當醫院病床上的子女因得到來自父母親移植的肝或腎臟等器官，而能夠存活下來，更讓人覺得親情的偉大。雖然在人心不古的社會裡，也有行為惡劣或是拋棄子女的父母，但對絕大多數人來說，親情的偉大乃是不容置疑的。尤其在子女遭逢病變或意外時，堅強的父性與母性往往展露無遺，柯惠嬋便是這樣的偉大母親。

　　柯惠嬋結婚後，和大多數媽媽一樣，期待子女的到來。她順利生下一個健康可愛的兒子，不料兒子生下不久就生了一場大病，原以為就醫診治便可痊癒，沒想到醫生治療不當，造成兒子終生聾啞。如此晴天霹靂的意外，讓原本滿心歡喜、準備好要陪伴兒子一起成長的柯惠嬋，頓時跌入谷底。然而柯惠嬋告訴自己，不幸已經造成，再怎麼樣怨天尤人也無法換回兒子的聽力。於是她調整心情，以另一種方式陪著兒子長大成人。

　　為了照顧兒子，柯惠嬋不辭辛苦和他一起學習。柯媽媽只有國中畢業，為了鼓勵孩子上進，她重拾書本，考上高雄高鳳工家補校；補校畢業後，又進入公立高雄工商專校工管科就讀；專校還沒畢業，又參加義守大學工業管理系的插班考試，脫穎而出順

利轉到大學，成為年長的大學生，也一圓大學夢。從國中、高職補校、專科到大學，柯惠嬋走上步步高升的學習路。原來只是要陪聾啞的兒子求學，做個好榜樣，沒想到自己也念出興趣，而且越念越好。柯媽媽很感謝兒子帶給她學習的動力。

柯惠嬋在義守大學從三年級念起，只有兩年的大學生涯，但她用功的程度不輸年輕人。由於身分特殊，她成為最搶眼的學生，也是年輕學子的好榜樣。在寢室，她是同學們的好朋友也是長輩，彼此互相照顧，也不吝於分享她的人生經驗。在生涯規劃上，柯惠嬋希望能到高職去當老師。她認為在目前升學掛帥的教育體制下，高職生有如被放棄的一群，她要以自己辛苦走過的經歷現身說法，勉勵高職生為自己走出一條康莊大道。為了實現願望，柯惠嬋又參加了義守大學教育學程的入學甄試，並以優異的成績名列金榜，逐漸邁向為人師表之路。

一路走來，柯惠嬋雖備覺辛苦，也克服了自己的心理障礙。看到有類似遭遇的媽媽仍無法走出陰影，她會和她們分享自己走過的心路歷程。柯惠嬋說，痛苦的人沒有悲觀的權利，自己要先學習克服，才能影響孩子走向光明的前途。擁有孩子是最富有的，很多人還無法享有呢！如今，柯媽媽的兒子已從宜蘭農專畢業，在台北縣的永豐餘紙廠擔任電腦排版工作，沒有辜負媽媽的期待。原本只是要伴學的柯惠嬋，沒想到竟會伴出興趣與成就。有承諾就有動機，這是促進學習的重要力量。而柯媽媽以身示範的身教作法，正是最佳的教學方式，是有心父母的最佳榜樣。柯惠嬋根據個人經歷，選擇到高職任教的學習規劃，與自己的親身

體驗相結合，可讓學習更有動力，對自己也更具意義，執行起來更切合實際。

　　相較於只期待子女用功的父母來說，柯惠嬋親身力行的伴學方式，對孩子更具有示範作用及說服力。即使無法像柯惠嬋這樣一路念上去，至少可以親身伴學或伴讀。這是利子也利己的好方法！

楷模啟示錄

　　親子共學比孩子獨學更具效果。

04 壓不扁的玫瑰
兩位好學的女受刑人

「浪子回頭金不換」，一般大多指男性「改邪歸正」，但其實在人生路上，每個人都有可能誤入歧途，男女皆同。女受刑人在監獄中本屬少數，能夠不礙於重刑犯身分，好學向上，則更屬難得。薛萍和許華（均為化名），就是這類值得推介的榜樣人物。

薛萍因菸毒犯罪案被判刑 12 年。許華因盜匪罪被判刑 10 年。12 年和 10 年都是不算短的時間，占了人生約七分之一的比例。對於年紀尚輕，原本應是享受愛情、婚姻、家庭等美好人生階段的薛萍和許華來說，要將年輕寶貴的光陰耗在監獄裡，無非是一項重大的打擊。然而事實已經造成，悔恨、埋怨或數饅頭度日都無濟於事。薛許兩位小姐不甘於如此的消極心態，因此有更高的抱負湧現。

薛許兩位小姐所在的花蓮監獄是男女兼收的重刑監，但是為受刑人所辦的正德補校卻只有男生就讀。當薛萍和許華表達想就讀補校的意願時，獄方感到相當為難。因為現行監獄法規定，男女受刑人要分禁，彼此不能見面，因此男女受刑人無法一起上課。

然而，薛許兩位小姐態度十分積極，表達了強烈的進修意願。花蓮監獄為了成全她們的上進心，另謀方法，讓她們在正德補校附掛學籍，平日則自行看書進修，另外再安排老師個別授課。

薛萍從高中部念起，許華從國中部附讀，完成了逐夢的第一步。因為機會得來不易，兩位小姐相當用功，深怕那一天機會又不見了。三年來，她們雖然無法和男受刑人一起上課讀書，卻以自行苦讀的方式進修。補校老師常到女監為她們指導授課，提供一對一的教學，教材、考試、測驗都和正德補校沒有兩樣。兩人的成績和補校同學相比，都是名列前茅。雖然沒有競爭壓力，第一名和最後一名都是自己，但是她們倆仍勤奮好學。薛萍計劃參加大學聯考，繼續念大學；許華則要接著念高中補校。兩人都想繼續人生的學習旅程。

薛許兩人雖是刑期漫長的女重刑犯，卻能不受此一遭遇的負面影響，努力克服困難，以寄附學籍的方式繼續求學，並充分把握機會，認真學習，以優異的成績取得結業證書，強烈的學習動機及珍惜機會的努力值得嘉許。而不受受刑人身分影響，藉著學習來重建自我，為將來光明的人生作準備，更是薛許兩人最值得的投資。她們的經驗也顯示，越懂得珍惜機會，越能加緊努力，也越能發揮機會的效益，並能從中增進學習的樂趣及成就感。

人生路上不怕跌倒，只怕跌倒了爬不起來。不管跌得再重，只要能夠爬起來，前面的路依然是自己的。薛許兩位小姐身為重

刑犯，卻能珍惜獄中的進修機會改變自己，也因此開啟了燦爛的
新人生。

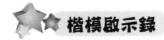 楷模啟示錄

「學習」是通往「重生」的捷徑。

05 口足人生
謝坤山

　　「嘴」原是用來吃飯或講話，「腳」原是用來走路。有一群人，因為失去雙手，以嘴和腳代替手來執筆，因而被稱作「口足畫家」。他們是一群突破人生變故、克服肢體殘疾，努力開創前程、豐富生活的勇士，謝坤山正是其中一位成員。

　　謝坤山原本肢體健全，在電廠有一份穩定的工作，生活過得還算愜意。怎奈命運弄人，在一次配電的意外中，謝坤山雙手受到電殛，必須截肢才能保住生命，生命雖從閻羅王手中奪回來了，可是雙手也被犧牲，成為無手的人。突然失去雙手，讓謝坤山頓時失去了人生的希望，家裡也因此斷了經濟來源。

　　堅強的意志，以及家人的支持鼓勵，讓謝坤山重新站了起來。凡事本就有兩面，從悲觀面來看，他確實是截斷了寶貴的雙手，失去了難以彌補的手部功能；但從樂觀面來看，能夠保住性命，畢竟是不幸中的大幸。走過陰霾之後，謝坤山更積極地面對未來人生，學習如何讓死裡逃生的軀體發揮更大的效益，充分運用老天爺所留給自己的部分，而不是一直停留在失去雙手的陰影當中。

　　本來對畫畫並不內行的謝坤山，開始「拿」起畫筆學習繪

畫。由於失去雙手，謝坤山嘗試用嘴和腳「拿」筆作畫，試圖擴展老天爺賦予嘴巴及腳的功能。剛開始謝坤山備覺辛苦。不論是用嘴「咬」筆或是用腳「夾」筆，都無法像雙手那麼靈活，光是要穩穩的「握」筆都很難，何況還要塗顏料、「揮」動筆桿構圖上色。起初的「笨口笨腳」，讓謝坤山吃足了苦頭，在畫布或紙上跌跌撞撞，幾度想就此放棄。但是，憑著不服輸的個性，加上家人朋友的鼓勵，謝坤山咬緊牙根，也咬緊筆根，不畏艱難，重複練習，逐漸在畫布或紙上有所「起色」，漸入佳境。

　　朋友的支持，也是謝坤山重要的精神支柱。謝坤山和 16 位手腳殘疾的朋友組成口足畫藝協會。他們來自全台各地，都是因為自幼罹患小兒麻痺、腦性麻痺，天生四肢萎縮，或車禍等其他意外事件導致雙手殘疾，失去作用。除了雙手失去功能、嘗試用口足做畫外，他們的共同點還包括，不向命運低頭，為人生尋求出路，積極面對生命的挑戰，而且主動回饋社會，將作品印成聖誕賀卡、月曆等商品義賣，將所得用來照顧弱勢團體。他們揮別心中陰影迎向燦爛陽光，以口足一筆一畫將滿懷的感觸，化作一幅一幅的作品，這種精神令人感佩。而從陌生到熟悉，從不會到會，用口足學習畫畫的努力，更是證明事在人為，「天下無難事，只怕有心人」，後天的學習遠比先天的才賦來得重要。組成社團，不僅能分享彼此的心情、遭遇，增加社會支持，從學畫的觀點來看，更能相互觀摩切磋，發揮合作學習的效果。

　　謝坤山以口足作畫的學習成績，正是化劣勢為優勢的好例

子。我們也不要小看自己的身體器官，侷限每種器官的功能。所謂「用進廢退」，只要願意學習，口足也可以像雙手般靈活。

 楷模啟示錄

　　學習可讓人，「動口而不動手」、「用腳而不用手」。

06 留級生變超級祕書 陳建仲

在多數人的觀念裡，如果求學的過程中一路從幼稚園念到大學或研究所，平平順順，沒有重考，未曾被留級，就是所謂的好學生，甚至是成功的學習者。可是，在學習路上暢行無阻，並不見得就能事事有成或出人頭地，因為不同的學習階段都只是過程及基礎，並不是最終的目的，很難據此來為個人的成敗論英雄。同樣地，像本文主角陳建仲這樣，在學習過程中遭逢輟學、留級或重考的，也不見得就註定無法出人頭地。只要能不屈不撓，再接再厲，就算是「鹹魚」，也有翻身的一天。

（媒體報導時）年約 30 出頭的陳建仲，在高雄市政府服務，擔任英文翻譯，甚受當時市長的倚重。陳建仲並沒有留洋喝過洋墨水，卻擁有一流的英文能力，傑出的表現令人刮目相看。然而，更令人跌破眼鏡的是，他高中竟然念了五年，被留級了兩次。

年少輕狂的陳建仲，在高中階段充滿了憧憬抱負，帶著青少年慣有的叛逆，對課業並未全力以赴，於是換來兩次留級，以及不佳的成績。儘管如此，陳建仲並未自甘墮落或茫然不知所措。他重拾書本，全心投入，高中畢業後參加大學聯考，一舉考上台大政治系，順利進入了台灣「最高」學府。由於高中留級兩次，

他的年齡比同儕要高出 2-3 歲，也使他在人生歷練與看事情的角度上，都要比同學來得成熟幾分。念大學時，他因對當時的政局及校務不滿，認為有許多地方需要改革，於是積極投入學生運動，大聲高呼改革的口號，呈現了熱情執著的一面。

大學畢業後，陳建仲繼續進修，考取台大政治研究所碩士班。在台大求學期間，他曾脫穎而出獲得日本政府獎學金，前往日本參加為期兩個月的國際學生交流活動。在碩士班求學時，也曾因緣際會擔任立委謝長廷的國會助理，從此建立密切的關係。在擔任國會助理期間，他因表現優越，獲得「艾森豪國際事務研究院」獎學金，前往美國研習其國會立法制度一個半月，這是他僅有的「留學」經驗。

雖然洋墨水喝得不多，陳建仲卻經由自修學得一流的英文能力，流利的英文令人很難相信他並未出國念過書。也因為擁有不錯的英文能力，讓他能夠有機會擔任市長的翻譯秘書，並受到市長的欣賞倚賴，政治前途相當看好。高中的兩次留級經驗，並沒有打擊陳建仲的信心，也沒有讓他中斷了繼續求學上進的心。在學期間，他積極參與學校及社會改革，表現了學生對時政的關懷。他奮發向上自學英文，沒有留過學，英文卻是呱呱叫，證明了無師可以自通，自修也能夠學而有成的終身學習精神。陳建仲的倒吃甘蔗，除了印證「大雞慢啼」外，更是力爭上游的寫照。

學習路上挫折在所難免，如果因此一蹶不振，才是真正的失敗者；能夠再爬起來，就可以把握成功的機會，開創更多的成

就。陳建仲從留級兩次變成超級英文翻譯秘書，就是跌倒再爬起
的寫照。

 **楷模啟示錄**

曾經跌倒的人更會珍惜站穩的時刻。

07 敲出生命火花 李金石

　　人類之所以為萬物之靈，原因之一，便是擁有靈活的雙手，可以做很多事，這是非靈長類動物所沒有的優勢。因此，手是人類重要的器官，也是人類相當倚賴的器官。如果不幸失去雙手，一種方法是，以口足代替雙手，像前面介紹過的口足畫家謝坤山那樣，繪出彩色亮麗的人生，另一種則是裝上義肢，學著用新的手來過活。

　　李金石原來也是一位肢體健全、身體健康的人。國三那年寒假，他為了掙些零用錢，到工地去做搬運鋼筋的臨時工，不幸誤觸高壓電導致嚴重灼傷。經過醫師和家人全力搶救，雖然保住了生命，卻不得不截肢，成了沒有雙臂的人。人總是在失去之後才體會到擁有的珍貴，李金石也曾有這樣的深刻體會。裝上義肢後儘管身心慢慢適應，但是每次出門都得花至少半小時的時間才能穿戴整齊，對耐力是極大考驗。當他萬念俱灰躺在病床上時，母親送給他「一枝草一點露，天無絕人之路」這句話，要他堅強站起來，勇敢地活下去。李金石深深受到激勵。

　　突然的意外使原本貧窮的李家陷入困境，高額的醫療住院費用使得經濟雪上加霜。幸好社會善心人士適時伸出援手，李金石才能由絕望的深淵重新出發，燃起再度求學的念頭。休學兩年養

病後，李金石重新回到學校上課。然而他寫起字來又慢又不好看，截斷的手臂也經常因磨破皮而流血疼痛不已。正值青春期的李金石既灰心又難過，老師遂在週記上勉勵他：「會做不做便是懶惰。雖無雙臂，但不能養成惰性，處處倚賴他人照顧。」這樣的鼓勵，讓他咬起牙根，逐漸學會獨立自主走下去。

在家人及師長的勉勵下，李金石認真念書，國中畢業後順利考上員林崇實高中，三年後更以全校第二名的成績畢業，考上輔大應用數學系。就讀大學期間，李金石努力充實電腦素養，對電腦程式設計極感興趣。兩支帶著鐵鉤的義手，在鍵盤上一字一字「敲打」，準確度與速度不落人後。畢業後，李金石到彰化田中的達德商工當老師，他用他的「鐵臂」，在鍵盤上敲出國際電腦程式設計比賽的銀牌，在稿紙上「寫」出全國教師徵文比賽的優勝佳作，是一位名副其實的優良教師。

李金石深感人生因緣難以預料，他從沒想到自己會失去雙臂，也沒想到竟然能靠著兩支「怪手」站上講台成為老師，更沒想到會在電腦程式設計領域中找到一片天空。所謂「事在人為，別人能，我們也能」，李金石到各校演講時，皆以自己為例，勉勵大家「我能做到，你們也可以」。勇敢的李金石沒有被意外事件打倒，靠著外界的支持，以義肢在學習路上「挺」進。他憑藉上進的心，念到大學，並為人師表。在專長興趣上，李金石也不畏於失去雙手，選擇了亟需雙手操作的電腦程式設計。「別人能，我也能」的好勝心，讓「逆向操作」的他，能與雙手健全的人並駕齊驅，甚至脫穎而出。

學習需要生理、心理或環境等條件配合。然而,生理條件不足,並無礙於學習的進行,也不影響學習的成就。李金石以挫折當人生的試金石,以高人一等的心理素質,補足生理上的缺陷。

 楷模啟示錄

充分學習,善加運用,「義手」也能變「巧手」。

08 苦中自學甘如飴
莫言

　　有著辛苦的童年，但是讀起書來甘之如飴而忘卻了苦日子；很擅長講故事，卻因為父母親提醒禍從口出，而變得出奇的沉默；莫言的人，就像他的名字一樣，不多話，然而他很會用筆說故事，寫出一篇篇的好作品。莫言這位學習英雄，是來自大陸山東高密的小說家。

　　莫言看起來像個「歐吉桑」，外貌年齡要比實際年齡來得大。在三兄弟之中排行老么的他，看起來比兩位哥哥來得成熟，這是因為莫言在童年時吃了許多苦，走過許多人生歷練，比起念到大學及高中的兩個哥哥，在學習路上多了些坎坷。

　　莫言是個喜歡讀書的孩子，村子裡那一家有什麼書他都很清楚。小學時，他聽說同學家裡有一套附有插圖的《封神演義》，就跟同學商量，以拉一上午的石頭磨麵，將書借來一看。偶爾借到書就非常高興，也忘記了家裡需要看顧的兩頭羊，任憑牠們叫餓，自己只顧找個草垛，忍著螞蟻、蚊子的叮咬，一口氣把書讀完。說也奇怪，在這種情況下「偷讀」的書，往往記得特別牢。莫言愛書的程度，使他願意以苦力來借書讀，讀起書來幾乎六親不認，常常陶醉在書中的故事情節裡。

　　小學五年級時，莫言跟老師開了一個玩笑，卻遭學校開除，

結果從 12 歲到 20 歲都在作勞動苦力，然後便入伍從軍。

　　文化大革命時期，老百姓無書可讀，但莫言家鄉的農民卻能用耳朵「閱讀」。有個記性特別好的老人家，曾去過青島聽彈詞，能夠背出整本《七俠五義》，讓當時在生產隊飼羊室剝麻的莫言聽得忘了手上的勞動，並在腦海裡烙下深刻的印象。晚上母親在油燈下做事，莫言就再把故事說給母親聽，一聽一說之間，對故事的內容也就記得更加牢固。口耳相傳是文革時期多數人的學習方式，對莫言來說，更是因此而累積了不少故事素材，成為日後創作的重要基礎。不幸的童年成為莫言創作的搖籃。或許是在早期累積了相當多的創作素材，除了已發表的《小紅高粱家族》、《十三步》、《酒國》等小說外，莫言手上還有好幾篇已經寫了十萬字的長篇構想，題材源源不絕，不必擔心找不到靈感。

　　雖然有個十分辛苦的童年，喜歡讀書的莫言卻因為珍惜讀書的機會，加深了印象，增加了吸收的程度，而讀得特別有效果。這種強烈的學習動機未曾受環境惡劣的影響，即使必須要用苦力來換書讀也甘之如飴。文革時期環境惡劣，但是只要有心，連口耳相傳都能夠讓人興趣盎然，收穫良多，可見關鍵不在物質環境，而在對學習的熱忱與期待。如果國內學子有莫言這樣的強烈學習意願，校長們就不需要用跳芭蕾舞來鼓勵學生看書。有了動機，學生自然主動學習。除了動機強、能把握機會外，莫言善於歸納整理的功夫，也是他學而有成的原因。把聽到或看到的東西說出來和他人分享，更是練習和消化的過程，對記憶的強化也很

有幫助。顯見分享也是有效的學習方法。

　　興趣是學習最重要的基礎，有興趣，便能主動投入學習。在滿足興趣的過程中，因嘗到學習的樂趣，於是又增強了原來的興趣，形成良性循環。莫言能在惡劣的環境中，依然樂在學習，累積創作的素材，就是發自興趣、滿足興趣的結果。

 **楷模啟示錄**

　　培養興趣是開啟學習的基本功夫。

09 出世亦入世
王銘石

　　不論是佛教、道教、天主教、基督教或回教，神職人員給人家的印象，基本上都是虔誠、正派與聖潔等正面的觀點。由於他們宣揚教義、勉人為善、濟弱扶傾，社會大眾對他們人格與道德操守的期待就比一般人來得高。要成為神職人員，主要的條件在於精神及心理等內在因素，而不是家世背景或學歷財富等外在條件。只要內在條件切合，即使過去有誤入歧途等犯罪紀錄，仍然可以現身說法，傳播福音。王銘石就是這樣的一個人。

　　王銘石是台北市萬華人。念國中時就曾持扁鑽傷人，被裁定交付保護管束，前後曾六度進出監獄，雖然只是國中生，在違規紀錄上卻已是「老鳥」。年紀稍長後更變本加厲，17 歲學會吸食海洛因，為了購買毒品，幾乎做盡壞事，年少的日子就在吸毒、毒癮發作、籌錢買毒品的惡性循環中度過。染上毒癮後他曾數度到勒戒所，但都無法徹底戒除毒癮，已經到了不能自拔的地步。

　　或許是神的眷顧，民國 74 年 7 月 14 日這一天，是王銘石一生中最重要的日子，也是他生命的轉捩點。在協談中心介紹下，他在永和基督教晨曦會遇見香港來的劉民和牧師，並且首度接觸上帝。由於劉牧師也是走出毒品誘惑的過來人，在他的循循善誘

之下，王銘石下定決心洗心革面，揮別舊日讓父母傷心、街坊鄰居唾棄的浪子形象，成為台灣地區第一位由晨曦會輔導成功的吸毒者。後來王銘石進入中華信義神學院就讀，投身追尋生命的真諦，同時也順利娶妻生子。如此的境遇，讓王銘石從徬徨歧路走到光明大道，人生就此改觀。

回首來時路，王銘石感慨良深。回想染上毒癮的那一段日子，走在萬華街頭，沒有人願意理他。這對個性外向的他來說，真是難以忍受的痛苦。在來來往往的人群中，他備感孤獨淒涼與無助。而在戒除毒癮、重獲新生後，親朋好友能接納他、以他為榮，使他感受到莫大的溫暖，也得到更多的社會支持，因此燃起了對生命的希望。王銘石的現身說法具有相當的說服力，對受保護管束的人來說，更是有鼓舞作用。有不少人願意繼續參加類似的福音傳播，而觀護人室也邀請王銘石牧師作見證，以引導更多受保護管束的人遠離毒品。

基督教沐恩教會在屏東新園鄉五房村成立中途之家，在王銘石主持下，已輔導不少人成功地戒除毒癮。王銘石以過來人的身分現身說法，成為最佳的典範，對被管束人有相當大的啟示。從菸毒犯到牧師，王銘石可謂判若兩人。從執迷不誤、以毒為伴，到傳福音、勸人改過，王銘石自己就是活生生的教材。他之所以能浪子回頭，固然是憑藉信仰的力量，但他勇於學習改變，下定決心拋棄過去，迎接新生命的努力，同樣值得肯定。對多數人來說，學習改變充滿挑戰，改過自新、戒除毒癮，更是對決心的大考驗。王銘石的迷途知返來自決心及毅力，以及願意學習接納自

我，重塑新生命。更難能可貴的，王銘石並不對自己的過去感到自卑，反而投身保護管束人的見證工作，讓更多犯下類似錯誤的人以他為榜樣，儘早走入正途，充分展現了回饋社會的熱忱。

投入社會工作的神職人員，不僅獨善其身，還能兼善天下，入世改善社會的問題。王銘石不僅出世成為神職人員，也入世積極參與社會工作，把自己當教材，充分發揮矯治教育的效果。王銘石可謂是充分入世的學習英雄，實踐了楷模的影響效果。

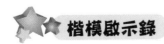
楷模啟示錄

勇於學習改變，讓浪子成英雄。

10 書畫生信心
陳板

　　在學習路上，如果能夠儘早發現自己的興趣，在追求興趣的滿足中學習，那麼學起來就會更帶勁，而且越學越多，延伸了學習的歷程。可惜，在國內升學及文憑主義掛帥下，多數人的學習往往是為了考試，偏離了興趣，當然就難以樂在其中。於是功課好壞，就成了學習成敗的指導，以及學生好壞的標準。像陳板這樣學業成績並不出色，卻能抓住學習興趣而成就斐然的，可算是少數。

　　陳板國中畢業後，吊車尾考上新竹高中。高中時期，他的學科成績並不好，一年級的英文及數學都沒有過關，結果被留級而多讀了一年。他從來沒想到自己竟然會在高中的第一年就被留級，所以事發之後曾經十分消沉。或許是原來考進竹中就很勉強，在高手如雲的班上更顯得渺小，因而對自己被留級耿耿於懷。當時還有兩個國中同學也和他一樣，遭受被留級的命運，三個人於是成為生命共同體的「爛兄爛弟」。

　　然而，他們三人並沒有因此而一路「爛」下去。在被留級的那個暑假，三人相約一起用功、一起補習，同時也開始逛舊書店，讀了不少課外書，甚至買起書法字帖學起書法。充滿學習的暑假，讓陳板不知不覺克服了留級的苦楚，也讓他第一次體會到

人生旅途中的挫折。雖然學科成績並不好，但是陳板並沒放棄對其他興趣的追求。他不僅入選合唱團、校刊社和游泳隊，還參加包含書法及國畫的書畫社，使他在學科成績之外也能擁有自己的一片天。

在課外活動上的表現，讓陳板得到很多成就感，也獲得老師及同學的肯定。陳板自己回憶說，只要在某個範疇展現實力，照樣可以在校園內走路有風。尤其是參加書畫社，更讓他受用無窮。從被留級那個暑假開始，陳板就像瘋了似的拚命寫書法。新的學期一開始，他的書法成績就明顯提升，從前年的「丙上」變成「乙上」，一年後甚至進步到「甲」。國文老師的小小鼓勵，竟然使陳板踏上書法學習之路。

高二時，陳板進入書畫社接受美術老師黃敬雅的指導。由於對美術學習充滿興趣，除了每週一次的社團活動時間外，陳板還經常利用午睡時間跑到美術教室請黃老師批改自己的習作。黃老師的開放式教學，也讓陳板學習到自我批判的精神，終身受用無窮。回首高中的學習過程，至今最讓陳板念念不忘的，除了老師們的教導外，就是意識到學習是一件快樂的事。陳板這種自我學習正是「活到老學到老」所需要的功夫。而他能夠主動學習的動力，便是發現自己的興趣，以興趣為基礎，在追求興趣的過程中學習。在學習書法的過程中，陳板克服了學業的挫折，重新找到自信，以及繼續學習的動力。和遭遇相同的同學一起用功努力，不僅可互相作伴，也是分享情緒的方式。逛舊書店閱讀課外書，也是具有效率的學習管道。陳板的自我學習方法，加上以興趣為

本的強烈動機，寧願犧牲午睡去向老師討教，學習的主動及熱忱已經油然生起了！

行行出狀元，在學習路上何嘗不是如此。即使學業成績不好，其他領域的學習仍然可以讓人找到學習的成就及樂趣。學習範疇不應只侷限在智育方面。只要將學習與興趣結合，便能讓學習生生不息！

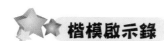 **楷模啟示錄**

興趣掛帥，學習無礙。

11 博士神探揚名海外
李昌鈺

　　身處異鄉的少數族群要在職場出人頭地、與該國的多數族群相互競爭，且爭得一席之地，讓外國人稱讚敬佩，雖非不可能，卻是不容易的任務。尤其在號稱民族大熔爐的美國，不同膚色的人各憑本事，自由競爭，充分顯現優勝劣敗的生存法則。要在具有相當優勢的白種人中勝出，更需要具備真本事。堪稱神探的李昌鈺博士，便是極少數在美國贏得讚譽的黃種人。

　　數十年的刑事生涯中，李昌鈺處理的案件已超過六千多件。在辛普森案中擔任辯方的專家證人，使得他聲名大噪。這種知名度的竄升，絕非靠媒體炒作，而是憑著專業的知識與判斷，因此連前柯林頓總統與李文斯基的緋聞，有線電視網 CNN 都上門訪問，聽取他的專業解析。美國的刑事案件五花八門、高度複雜，想在情報、刑事單位中爭得一席之地，相當不容易，然而李昌鈺卻靠真知灼見以及努力不懈的精神做到了。

　　李昌鈺能有今天的成就，並非從天而降，而是歷經辛苦的奮鬥與學習。出生於大陸江蘇、成長於台灣的他，父親於渡台時死於船難，家中有 13 個兄弟姊妹，家境極為清苦。李昌鈺在青少年求學期間，課餘還要去送報，生活十分辛苦。母親身兼父職，又要教養 13 個子女，管教方式極為嚴格，李昌鈺常因做錯事或

不用功而被母親罰跪。李昌鈺回憶說，自己能有今天的成就，是「跪出來的」。母親的嚴格管教，養成李昌鈺腳踏實地、不敢馬虎的精神，而這種做事態度正是偵察辦案最為需要的。

升上中學後，和多數年輕人一樣，李昌鈺也有他的夢想。他曾經迷上籃球，一心想進球隊，然而當時他身高只有 170 公分，教練告訴他：「長高幾吋再說吧。」為了這句話，他每天拚命運動，只是仍然沒長高多少。這個經驗使他領悟到「人是有極限的」，不要一直生活在夢想中。有了這樣的領悟，李昌鈺更能務實地採取行動。中央警官學校畢業後，李昌鈺開始參與辦案，工作一段時間後，他覺得自己學識有所不足，於是決定赴美進修。出國時他身上只有 50 美元，和許多留學生一樣，讀書之外還要打工維持生計。由於早年有半工半讀的經驗，他並不以為苦，只花了兩年半就取得碩士及生化博士學位。

李昌鈺雖然在美國政府任職，曾擔任州警政廳長，但仍以中國人自居，他努力工作並不是為了賺錢，而是希望能為社會服務。因此，他的著作《神探李昌鈺破案實錄》並沒有高價授權給美國出版商，而是在台灣出版，並將版稅捐給國內刑事科學的研究單位。這種淡泊名利、善盡責任、回饋社會的精神，更顯出李昌鈺的與眾不同。他也期許年輕人，不要只向錢看，要思考能夠為社會及人類留下什麼。回首來時路，李昌鈺認為他的成功秘訣只有一個，就是「比別人更用功」。成功沒有捷徑，只有腳踏實地的努力。而李昌鈺並不光是築夢、陶醉在不切實際的夢想中，反而認清事實，一步一腳印地做事。從送報半工半讀的學生到揚

名國際的神探博士，李昌鈺的成就是源自比別人更多的努力。

　　嚴師出高徒，嚴母也能出才子。小時候常被母親罰跪的李昌鈺，在嚴格的家教及自己的上進心驅使下，在異國成就一番輝煌的事業。成功絕非偶然。在學習路上，李昌鈺靠的是勤快、踏實、積極等治學功夫，而不是好高騖遠或一步千里的躁進。

楷模啟示錄

　　多吃一分苦，多得一分功。

12 捏出生命新頁
蘇文貴

　　在各種民俗技藝展覽及活動中，色彩繽紛、造型討喜的捏麵人攤位，常吸引許多人駐足觀賞或購買。這些小麵人，造型變化多端，模樣可愛，有本土和外來的各種角色、人物，看來栩栩如生，教人很難不喜歡。看似容易的捏麵人，其實在「拿捏」之間需要很多技巧及學問。對於精通物理化學分析，在工廠相關部門工作二十多年的蘇文貴來說，雖然有點「大才小用」，卻是孕育嶄新人生的起點。

　　蘇文貴的學歷並不高，只有國中畢業。他離開學校後，就到鐵工廠做學徒。雖然沒有學理的基礎，但豐富的工作經歷，加上對化學很有興趣，因此很年輕就成為同行的金屬分析專家，經常為儀器行等相關公司作技術指導，事業前景一片大好。不料，一場意外的車禍，使他下半身從此癱瘓，不良於行。在事業即將起飛的時候遇上這種意外，一般人可能會怨天尤人或自怨自艾，但從小歷經困苦的蘇文貴卻淡然以對。

　　在受傷初期，蘇文貴曾嘗試過許多工作，包括替人畫彩繪玻璃等，但都因行動不便而無法持續。陷入低潮時，太太是蘇文貴最大的精神支柱。蘇文貴的太太原本是沒念過什麼書、沒有主見、處處依從先生的傳統婦女，在蘇文貴出事無法工作後，她變

得堅強起來，開始幫人帶孩子、做手工藝品、外包宴席，辛勞的雙手滿是裂痕。太太的堅強韌性，成為蘇文貴新生的原動力，讓他思索如何在跌倒後重新站起來，為太太分擔家務，減輕她的經濟負擔。

在幾乎走投無路的時候，蘇文貴認識了一位捏麵師傅，從此一頭栽進了捏麵世界。由於從小就喜歡畫畫造型，蘇文貴不到一個月就將捏麵人玩得駕輕就熟。有一天，他試著到國父紀念館擺攤賣捏麵人，短短兩小時就賺進了八百多元，他高興得幾乎流下眼淚，心想從此可以靠自己的力量賺錢養家了。然而，由於警察嚴格取締，蘇文貴只好放棄街頭生意另謀生路。

由於受傳統捏麵技藝訓練的時間不長，蘇文貴一直是靠自己的想像力和創造力來捏麵。幾十年來，他已捏了數萬個作品。為減輕太太的負擔，他曾不計成本將作品大量賣給廟會，同時積極參加文建會等相關單位的展覽活動，逐漸嶄露頭角。

近幾年，蘇文貴曾經為中國式關懷中心捏出三百多件作品巡迴展出，也曾在郵政博物館的新春吉祥圖案郵票展中大出風頭。除定期在關懷中心授課外，也常在一些推展民俗技藝的場合中教授捏麵技巧。此外，蘇文貴憑著在化學上的知識，研發出可長久保存而不乾硬的麵料，可供學生在美勞課使用。他在家中成立小型麵料製作工廠，生產麵料批發上市。除了麵料，蘇文貴對化學的研究及愛好，也運用在日常生活中，諸如牙膏、地板蠟，甚至化妝品，他都能自行調製。從遭遇車禍到東山再起，除了勇氣和毅力外，蘇文貴靠著對化學的專長、努力的嘗試，從捏麵人的門

外漢變成行家，不僅能餬口賺錢，還能成師教人。這種延伸既有知識經驗來學習新東西的能力，正是擴大學習效果的重要技巧。蘇文貴善用這項優點，因此能持續創新，走出自己的路來。

　　車禍讓蘇文貴失去雙腳，卻奪不去他的化學專長及興趣。蘇文貴沒有深厚的學識背景，卻靠著勇於嘗試、不斷創新的精神，開啟了新生命的扉頁，也捏出了生命的價值。

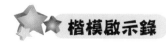 **楷模啟示錄**

　　從專長出發，小功夫也能成就大事業。

| 第四篇 |
英雄不怕
無用武之地

在人生路上，有些人常覺自己懷才不遇：空有一身好功夫，卻無法大顯身手；雖是千里馬，卻無伯樂來重用。就像開著法拉利跑車，卻塞在車潮中動彈不得，空有馳騁千里的好馬力，卻比不上腳踏車來得靈活。英雄需要舞台才能展現才華，然而，英雄不能坐等舞台，千里馬不能枯等伯樂前來，所謂「英雄造時勢」，正是這個道理。成敗的關鍵不在於有沒有舞台，而在於是否具有成為英雄的真才實學。有真才實學又能創造時勢，就必須等待時機到來。只要條件突出，伯樂終究會出現，英雄畢竟不會寂寞。

本篇的 12 位學習英雄，原本只是沒沒無聞、偏處一隅的市井小民。然而他們努力向上，致力學習，從而能擁有一技之長，另闢天地，獲致傲人的成就。小卒也可成英雄，醜小鴨也能變天鵝，他們都是不怕無用武之地的英雄。

01 皮塑專家 段安國

　　有句話說：「事非經過不知難」，有些事必須親自嘗試，才能體會其困難之處。不過，也有句話說：「知難行易」，勉勵人要勇於採取行動，坐而言不如起而行，有些事看來好像非常困難，下了功夫努力做去，就發現並非遙不可及。皮革雕塑的難度很高，一位賣牛肉的門外漢，竟然能夠成為獲得國內外大獎的皮塑專家，段安國的真本事，不怕沒有舞台出人頭地。

　　52 年次的段安國個性活潑，他曾就讀中國海專輪機系，但卻中途被退學而沒能畢業。離開學校後，段安國經歷了當兵、結婚，並接下父親在台北東門市場賣牛肉的工作。對買賣一竅不通的段安國，雖贏得「東門市場第一把快刀」的稱譽，表面上生意不差，實際上卻入不敷出。大約二十年前，有一次他陪懷孕的太太到世貿中心看花展，深深地被詹繆淼那些奇特少見的皮塑作品所吸引，尤其對能將人的毛細孔表達得如此傳神讚嘆不已。從來沒有美術工藝底子的他，從此發瘋似的找材料，無師自通做了起來。段安國以前就覺得自己一定會做些什麼，從那一刻起，他發現自己找到了。

　　這樣的感受，讓段安國有「我找到了」的驚訝，也有「頓悟」的喜悅。然而段安國的父親並不贊成他拋棄原來穩定的事

業，從頭學習皮塑。向來重視安定穩當的父親，擔心兒子生活不穩定，影響家庭生計。可是段安國心意已定，不願放棄這一片剛被自己發現的「新大陸」，反而更堅定，不達目的絕不罷休。於是他白天賣牛肉，晚上埋首研究皮革質材的製作。為了做好人物的形塑，沒有人體素描基礎的他，買人體解剖學的書來讀。自己也親自演練，常常對著鏡子擠眉弄眼，以觀察每個動作、細節，讓作品更加寫實。由於喜歡閱讀武俠小說，段安國從《水滸傳》的人物入手。

古有庖丁解牛，展現過人的操刀和切割功力。段安國擁有賣牛肉及去骨留肉等割、剁、切、剥、削的豐富經驗，又自修相關的專業書籍，經過不懈的努力，終於在皮塑的技巧上有所進步，作品的水準也逐漸提高。民國 85 年，段安國以皮塑人物作品〈老木匠、燒肉粽、掘〉贏得了文建會第五屆民族工藝獎的一等獎，獲得了文化藝術界的高度肯定，台灣手工藝研究所也安排他在台北火車站、新竹等地舉辦個展。88 年又以〈摩西〉作品，勇奪美國皮塑藝術大展三大獎項。從此以後，段安國躋身皮塑藝術家之列，父親也轉而支持他創作，並且幫忙他在市場賣牛肉。

從賣牛肉的市場小販，到獲得國內外大獎肯定的皮塑藝術家，段安國靠著興趣及努力自學，讓自己從無名小卒變成國際聞名的皮塑藝術家。也因為自己市井小民的經歷，段安國後來的皮塑作品以刻劃販夫走足的形象為主，充分反映親身經歷及草根特質。從看展覽的啟發開始，段安國不怕沒基礎，不畏困難、不擔心影響生計，憑著興趣及用功，讓自己無師自通而出師。面對著

艱深的人體結構及肌肉紋理等書籍，段安國仍能以興趣及強烈的動機研讀。而以喜好的武俠小說為構思的基礎、對著鏡子觀察動作的變化，也都是學習的好方法。段安國賣牛肉的經驗也是他自學成功的基礎，善用經驗的正向學習遷移，使他能在最短時間熟悉類似的「皮肉」工作。興趣、經驗加上努力，是段安國從牛肉販變成皮塑藝術家的關鍵。

萬丈高樓平地起，誰說賣牛肉和皮塑完全沒有關係？一般人太「小」看身邊的人、事、物，奢望遠在天邊的彩虹，卻忽略近在身邊的花朵。只要肯腳踏實地、認真學習，小卒也可能變英雄。

楷模啟示錄

沒有三兩三，不敢上梁山；有了三兩三，不怕沒梁山。

02 黑手變巧手
徐宏耀

　　一枝草一點露，千萬別小看自己。就算龍困淺灘也未必沒有翻身的機會。原來只是從事機械維修的「黑手」，不到十年時間竟然成為五星級大飯店的西餐主廚，擁有一雙烹飪佳餚的「巧手」。兩種本來毫無關連的行業，能夠在 25 歲那年轉行成功，靠的是奮發的意志及努力的學習。徐宏耀的「換手」轉行成功，為自己創造奇蹟，絕對不是僥倖得來。

　　徐宏耀在學校念的是機械科，當完兵後，跟著哥哥到花蓮做工，專門維修鑽鑿機和空調機器等，是典型的黑手工作。喜歡乾淨的他不喜歡每天把自己弄得髒兮兮的，做了一年之後就決定轉行，那年他 25 歲。當時徐宏耀左思右想，覺得很想從事餐飲業，但是除了偶爾在家做些家常菜外，他根本一竅不通，不知道要如何進入這一行。在沒有人帶入門的情況下，他只好用最原始的方式自求生路。

　　徐宏耀將履歷資料寄到各大飯店，但都石沉大海。原來 25 歲才要作學徒，人家都嫌太老了。好不容易花蓮亞士都飯店給他一個機會，從此他一頭栽入不歸路。徐宏耀在亞士都飯店本來是跟著老師傅學中餐廚藝，後來覺得師傅藏私、未傾囊相授而轉到西餐部，並對西餐廚藝產生了濃厚興趣。亞士都飯店的工作讓他

找到入門之鑰，奠定日後的基礎。工作一年後，他就北上打天下，到飯店市場更大的台北追求更多的歷練。

在台北希爾頓飯店工作期間，是徐宏耀事業生涯的轉捩點。為了看懂菜單、聽懂外國師傅罵他的話，他開始努力學英文，一放假就跑到敦煌書局買書看，如今他能夠聽、說、讀、寫，都是當時自修苦讀學來的。後來徐宏耀更上一層樓，轉到挑戰性更高的凱悅大飯店，在這裡他將自己的工作生涯推上更高峰，升任西餐主廚，最拿手的是西式餐點。不到十年的時間，從黑手變學徒，到擔任五星級飯店的主廚，徐宏耀傲人的成績令人佩服。

徐宏耀希望在 45 歲時，也就是從黑手轉行到廚師的二十年後，能夠在陽明山開一家有個人獨特風格的小餐廳，每一道菜都有自己的品味，讓上門的顧客也能夠完全欣賞、分享他的品味。對一向全心投入、努力達成目標的徐宏耀來說，45 歲要達到這個理想並非不可能。從「黑手變巧手」，徐宏耀積極轉換跑道，找到符合興趣的廚藝職業。以興趣為本，才能開發潛能，這不僅是事業成功的要件，也是他後來自修苦讀的動力。25 歲轉行從學徒做起的勇氣，更是他能夠下定決心改變自己、創造個人新生涯的努力結果。為能精進西餐廚藝，他決定明確的學習目標，增進英文的聽說讀寫能力，並且花下功夫苦讀，終於有所進步，同時強化了在西餐廚藝精進的條件。有目標、能行動，讓徐宏耀的英語學習效果顯著。

事在人為，在還沒蓋棺論定之前，每個人都充滿著各種可能。但是，要化可能為事實，就需要勇氣、努力及行動。徐宏耀

的事蹟說明了，只要自己的條件充實，不怕沒有出人頭地的機會。從花蓮亞士都到台北凱悅，越來越大的舞台，都是徐宏耀一步一步打拚開拓而來的。

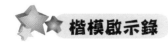 **楷模啟示錄**

英雄不怕沒頭路，只怕不能夠為自己開路。

03 見人所未見
陳逢顯

　　只要有真本事，不怕沒有機會改變自己。在中國已有三千多年歷史的竹簡書，原來笨重粗大的面積，竟然可以變成三平方公分大小的迷你書，改寫以前「學富五車」的說法，大大地縮小了竹簡的體積，這種歷史的改變，竟出自原本負責鈔票印版整修工作的陳逢顯。以原來修修補補的功夫為基礎，陳逢顯無師自通，投入毫芒雕刻的領域，也改變了自己單調的生活。

　　陳逢顯從小就對美工感興趣。民國 70 年由高工畢業後，順利考入中央印製廠，擔任鈔票印版整修工作至今。由於工作需要，他必須接觸非常細微的鈔票印版的線條修復。日積月累之下，他開始對微細的雕刻創作產生興趣。一開始他只在小銅板上刻國畫，刻出興趣和心得後，連昆蟲翅膀、牙籤、石頭、甚至蠟燭中的棉芯，都成為他創作的素材。這些芒雕都是極其細微的功夫，靠的是細心及耐心，這對陳逢顯來說，仍需極大的毅力。

　　雖然毫芒雕刻在中國已有三千多年的歷史，陳逢顯仍必須無師自通，連創作工具都是自己發明的。儘管已有在鈔票印版整修工作的經驗，但是由於材料質地的差異，需要的雕工往往不同，因此陳逢顯仍必須下功夫重新學習。由於作品愈刻愈小，最後陳逢顯只能以針頭或毛筆中的毛來當雕刻工具。長年憋氣雕刻的結

果，讓他練就了一身氣功。這些在毫芒雕刻工具上的轉換、技巧方面的體會，全靠陳逢顯自己在創作中摸索、求進步。

民國 85 年時，陳逢顯發表了他耗費六年所完成的三本黃金小書——中文的《唐詩三百首》、日文的《桃太郎》，以及英文的《白雪公主》。每本書的實際尺寸都比成人的指甲還小。而實物面積大小只有 3 平方公分的竹簡書，則是陳逢顯花三個月的時間所完成的另一項傲人作品，必須用三十倍以上的放大鏡，才能看出其中奧妙。三本不同語言經典童話書的雕刻完成，也證明了陳逢顯的毫芒雕刻不受語言的限制，能夠跨越語言的藩籬，同時也有助於芒雕作品的國際化，方便以後在英日語國家流通，提升創作的價值。當然，這也進一步開拓了陳逢顯的創作主題，擴大了日後芒雕的範圍。

陳逢顯最大的心願是擁有私人的展覽館，與大眾一起分享他最熱愛的毫芒雕刻藝術，讓更多人可以欣賞這由來已久的技藝，逐漸加以推廣，以喚起更多同好投入這個創作領域。從中央印製廠的鈔票印版整修人員，到毫芒雕刻藝術的創作者，雖然有類似的技術為基礎，但陳逢顯憑藉的是更多的努力。在興趣引導下，他將既有的修補印版經驗延伸到毫芒雕刻的創作上，不再只是「照版修刻」，讓個人的經驗及技巧昇華，更提升了自己的生涯價值，增加了創作的意義，讓自己成為藝術家。在芒雕的創作過程中，陳逢顯發明並自製雕刻工具，而在主題的選擇上，更有先見之明，能夠開疆闢土。此外，開設私人展覽館與他人分享的作法，也展現了不藏私的豁達胸襟。

　　經驗是助力，也可能是阻力。陳逢顯讓自己的經驗成為助力，協助個人更上一層樓，投入毫芒雕刻而能成就顯著。陳逢顯不以舊經驗為滿足，反而學會更多新的技能，提升了創作價值。這種自我提升的功夫，也為陳逢顯找到了更多表現的舞台。

楷模啟示錄

　　不滿於現狀往往是創作發明及自我突破的開始。

04 用學習投資自己
馬麗英

在知識經濟時代，生產的工具從勞力轉變成腦力，擁有越多的知識，越能擁有較高的競爭力。在靠腦力競爭的時代，「學習」是為自己加值、增進競爭籌碼的最佳投資。投資腦力的效益顯現比較慢，只有具備遠見的人，才能發現投資腦力的潛在效益。馬麗英就是這種具有遠見、不斷投資自己的人。

馬麗英是一個認真的學習者，她不但持續吸收新東西，並且有計畫的自我投資，每年到國內外上課充電，就像影歌星要常去作造型、添置最新流行行頭一樣。只要知道有什麼新課程，她都會前去取經。幾年前她曾去菲律賓上過「重新評估兩兩諮商」的課程，和來自亞洲各國的人一起學習這個源自美國西雅圖的心靈課程。回台灣後，她加入幾位美國朋友的行列，一起推廣這個課程。由於早年在加拿大讀書，馬麗英的英文流暢，有利於學習外來的新課程，動作也比別人快，她讓自己隨時保持追求新學習的動力。

在眾多學習課程中，馬麗英最喜歡的課程是人生的大功課──學習「當媽媽」。為了養育兩個女兒，她把固定的工作辭掉，換成時間較不受拘束的自由業，以便陪伴女兒。和女兒共同成長是馬麗英最喜歡的課程，有時候她會帶女兒一起去上課，讓

女兒和自己同步學習新東西。她也向女兒學習，在禮拜三會邀請女兒的同學一起爬山，為的是縮短彼此的距離，以兒語進入孩童世界，重溫赤子之心，也增進對女兒的瞭解。母女共學的結果，不僅在學習路上一起進步，親子的感情也更加濃厚。

馬麗英不僅自己帶著女兒積極投入學習，更樂於和他人分享學習的成果。一旦學到好東西，便急著介紹給別人，就像佛家的精神，不但自己成佛，更要幫助別人成佛。從早年的 ICRT 公關經理、花旗銀行客戶服務協理，到學習的個體戶，馬麗英熱中學習，也樂於分享學習經驗。她總覺得「獨學」不過癮，「共學」才快樂。正如「獨學而無友，則孤陋而寡聞」，能和別人共同學習，收穫更大。於是，她會在上完古董課後，與忙於工作的先生分享；學了大自然體驗課程，便在大安森林公園的草坪上，教導別人扮演樹根，學習體驗大自然在不同位置及不同角色的重要性。

在不同的學習活動之後，馬麗英往往會和別人分享心得，不論是家人或朋友。這種分享，讓她有機會一面教別人，一面也重溫學習成果。到職場上課的演講費，是她學習後的金錢酬賞，和別人分享學習經驗，則是她最大的精神回饋。馬麗英持續用功地投入學習，也投資了自己，讓她得到了物質和精神上的報酬。這也是知識經濟時代的現象——投資學習就是投資自己，只要學習有成，就不怕沒有投資效益。其實，擁有類似條件的人不在少數，但能像她這樣投入學習的恐怕不多，差別在於有沒有遠見、動機及決心。馬麗英樂於和他人分享學習，不僅可廣結善緣，開

拓人際關係，鼓勵他人向學，對自己的學習亦有反芻的作用，可增進學習效果。而在分享的過程中，他人的回饋又可能產生新的學習機會。馬麗英的分享學習具有多重的正面效果。

　　馬麗英用學習投資了自己，帶來了物質與精神等多方面的收穫。喜歡分享的個性，讓她在公園、教室、車上、職場等場合，找到可以展現長才的舞台，同時也提升了她學習的投資報酬率。

 **楷模啟示錄**

　　投資學習就是投資自己。

05 三合一學外語
洪寶燄

　　語言是溝通的工具，在科技發達、天涯若比鄰的地球村裡，外語能力愈發重要。除了國際共通的英語之外，第二外語的需求也逐漸升高。目前國內國中、小的外語課程只教授英語，到高中職以上才有德、日等第二外語的選修課程。在哈日風越來越盛的情況下，學日語的人大為增加。日語補習班也一家家的成立。然而，學外語不見得要上補習班，本文主角洪寶燄，就是憑著土法煉鋼的學習方法，使自己的英日語頂呱呱，因而獲得「語言學習專家」的美譽。

　　擔任裕隆汽車總經理的洪寶燄是老裕隆人，在裕隆工作已近三十年。台北工專畢業的他，剛進裕隆時，從設計部門做起。車廠設計人員常需接觸來自美國、日本的技術資料，尤其裕隆長期和日產（Nissan）等日本汽車廠商合作，對日語的需求更為迫切。工專畢業的洪寶燄雖然對英語並不陌生，卻從未接觸過日文，面對著一大堆日文汽車資料，洪寶燄痛下決心要好好學日語。

　　下定決心學日語的洪寶燄並不像多數人那樣，以上補習班、請家教老師或是交日本朋友的方式來練習。一方面是因為工作忙碌，實在難以分身到補習班上課，另一方面則是因為洪寶燄覺得

138

他可以透過自修苦讀學習日語，不用假手或依靠他人。一般認為，學習語言要越早越好。年過中年才自修英日語，讓洪寶錟一開始吃了不少苦頭。原來已經有底子的英語還差強人意，然而原來毫無基礎的日語，學起來就感到特別吃力。但由於工作上有迫切的需要，他只得咬緊牙根，下決心要儘早學會日語。

在遭遇多次的學習瓶頸後，洪寶錟終於體會出一套「三合一」的學習法則，有了「柳暗花明又一村」的感覺。所謂「三合一學習法」就是，每看到一段日文，就在隨身筆記上同時寫下中、英、日語的說法，讓三種語文同時出現，相互參照。由於對中文較能駕馭，對英文也較熟悉，這種方法有助於從中英文來摸透日文，發揮正向的學習遷移效果。個人電腦普及之後，洪寶錟不再用筆記本註記，改將句子記錄到電腦上，記下的速度及數量也因此大為增加，學習效果也大大提高。這套三合一學習法，讓洪寶錟的日文能力大幅精進，連日本日產公司的人員都不太相信單靠自修就能講得如此流利。

洪寶錟的三合一英日語學習法，讓他在裕隆公司贏得「寶哥字典」的美譽，他也和公司員工分享這套學習秘笈，協助同仁學習外語，增進學習效果。從學工科的設計工程師，到學習成效卓著的語言專家，洪寶錟靠的是苦讀自修，從不曾花錢求助他人。雖說他的中英文底子原本就不差，但更重要的是，因工作需要產生的強烈學習動機，使他充分投入英日語的學習，克服了初學時的挫折。更值得仿效的是，洪寶錟的土法煉鋼並不是瞎子摸象般的盲目摸索，而是能從其中悟出學習的要領，發明了三合一學習

法，因此不僅達成了學會英日語的目的，還能和他人分享學習心得、推廣自己的學習法，成為外語學習的專家、顧問和教導者。

學習可以自己來，不見得一定要別人教導。但是若要自學而有效果，也需具備相關的條件。洪寶餤的例子說明了，除了強烈需求和動機之外，更要懂得學習法。目標明確，並且不畏艱難和挫折，自然可以無師自通。

楷模啟示錄

動機、方法及努力，是學習外語的三合一條件。

06 薄蛋殼上展絕技
楊志忠

　　「化腐朽為神奇」在講究環保及資源回收的現代生活裡，就像是廢物再生和再利用一樣令人驚喜，更是將有限資源無限運用的好方法。近年來有些藝術作品以回收的保特瓶、保麗龍、舊月曆等作素材，不僅有創作的價值，更有環保教育的意義，可說是一舉數得。雞蛋是現代人日常生活重要的食品，然而我們通常只利用蛋黃及蛋白，將蛋殼當作垃圾丟棄。可是，楊志忠卻把蛋殼當作雕刻的材料，為自己走出「蛋雕」的一條路，成為藝術創作者。

　　不堪一擊、薄薄的蛋殼竟然可以雕刻，楊志忠的功力讓人不敢小看。更令人佩服的是，楊志忠是無師自通，靠著自己摸索學習，走上蛋雕這條藝術創作的路。幼年罹患小兒麻痺症，使得楊志忠的右手成殘。他努力學習使用左手，剛開始雖不太習慣，但是久而久之，左手越用越靈活，力量越來越大。不因失去右手而意志消沉的楊志忠，從此靠著左手打拚他的人生，包括用左手來雕蛋殼。

　　走上蛋雕一途可說是因緣際會。楊志忠原是開雜貨店的，店裡賣的最多的就是蛋了。每天看久了，愈看愈覺得投緣有趣，逐漸對蛋萌生興趣。於是他著手「玩蛋」加以摸索，先清除蛋殼內

部的蛋白和蛋黃,再依照蛋殼的質地和紋路,運用雕刻刀的力道,一刀一刀地雕,雕完之後再用油漆上色。原來白色平凡的蛋殼,經過雕刻上色後,最後竟變成亮麗奇妙的作品。化腐朽為神奇的驚喜,讓楊志忠愛上了蛋雕,加上蛋的成本不高,裡面的蛋白及蛋黃也另有用途,不會浪費,楊志忠隱約感受到,一條開闊的路正在面前等待他投入。

由於沒有任何工藝、雕刻或藝術創作等底子,楊志忠的蛋雕完全是從頭摸索,在嘗試中檢討改進。由於蛋殼非常薄,製作時稍不小心,就可能將蛋殼弄破而前功盡棄。通常,雕刻一粒蛋大約需要花上一個月。如果是鴕鳥蛋,因為質地比較厚而且面積比較大,就要花更長的時間,大約是三個月。在蛋雕的過程中,需要具備細心及耐心,尤其楊志忠是以左手操刀,右手又不太能派上用場,所花費的心力要比一般人來得大。如果不小心弄破了,又得再選新殼重新來過,更是需要很大的毅力才能堅持到底。

不斷自學改進的結果,楊志忠的蛋雕功夫與日精進,材料也擴大到雞蛋、鴨蛋、鵪鶉蛋及鴕鳥蛋,作品主題則琳瑯滿目,包括蛇、雞、鳥、虎、狗等動物,植物花草、水果、昆蟲,甚至軍艦、商船等。從雜貨店生意到蛋雕,楊志忠走出了自己的路,突破了殘障的限制。他曾在基隆文化中心展出一百二十多件作品,登上藝術創作的舞台。由玩票式的沒沒無聞,到作品能在文化中心展出,楊志忠的聲名日漸遠播。除了克服肢體障礙的學習勇氣外,楊志忠能從日常生活中細微的觀察,尋找創作的泉源及靈感,更是生活化學習的榜樣。而無師自通,在練習中檢討改進,

更呈現了自學的功夫。即便是難度極高的蛋雕，楊志忠都能自學有成，可見只要用心，再多困難都無法阻礙一個人的學習之路。

　　不起眼的蛋殼，往往淪為垃圾桶的常客，命運遠比不上裡面的蛋白及蛋黃。可是，當蛋殼遇到楊志忠，卻能身價百倍，鹹魚翻身。看顧雜貨店雖是為了生計，但是，用心的觀察、摸索、學習，卻讓楊志忠得到物質之外的收穫。價值可以創造，有價值就有機會出頭天，不論是廢棄的蛋殼或肢障的楊志忠。

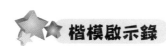 楷模啟示錄

　　鹹魚可以翻身，小卒也能成英雄。

07 小香腸大事業 許天順

　　不要小看一條小小的香腸，香腸雖小，生產、販賣香腸的廠商卻比比皆是。小香腸市場也是商家必爭之地，各家廠商無不投下大筆金錢研究改進，以期抓住顧客的口味及荷包。於是，從大小上著手，一口香腸問世了；在口味上加料，就出現了中藥料理香腸；在材料上改變，就有了牛肉香腸……。只要能與眾不同，推出別人沒有的產品，小香腸也有大商機，也可以成就大事業。許天順就是靠著不斷嘗試改進，而在香腸市場中闖出一片天。

　　製作香腸的紅桂公司，雖然不像黑橋牌等著名品牌來得有名，卻能開發出近二十種口味的香腸，並且推行加盟體系，不讓眾多大廠專美於前。從原來的攤販銷售，到現代化的經營管理，紅桂公司負責人許天順是其中的靈魂人物。許天順本在煉鋼廠工作，民國 77 年間，國內經濟衰退，煉鋼廠因而結束營業。中年失業的許天順在幾經考量之後，決定投入母親的香腸製作生意，也算是繼承家業。人到中年才從煉鋼業轉到食品業，既是半路起家，也是重新來過，對許天順是一大挑戰。

　　許天順認為，既然要做，就要做得與眾不同，於是他開始著手改良肉質以及燒烤的技術。他研究整條豬隻各部位的肉質，分析甜度、口感，以擷取最適合的部位作為香腸的材料。同時引進

德國先進的油脂抽取技術及設備，讓肉質的脂肪能多寡適中，達到最好的咀嚼口感。在燒烤技術上，許天順善用他在煉鋼廠的經驗與知識，嘗試各種燒烤溫度。經過深入比較後，他以攝氏 900度的溫度來燒烤香腸，提升香腸的香度及口味，烤出傳統攝氏約七百度溫度所燒烤不出來的味道。充分運用自己的經驗和知識，許天順雖然沒有製作香腸的經驗，卻能自行改良創新。

除了在肉質及燒烤技術方面改良外，許天順也在沾抹的醬料上下功夫，提出了許多創新的作法，如加入檸檬、糖醋、沙茶、麻辣、黑胡椒、豆豉等口味，不僅打破了傳統上香腸就是要配蒜頭的舊習慣和吃法，也抓住了現代人求新求變的心態。接連在香腸及沾料的口感、味道及材料等多方面改良成功，讓紅桂公司的香腸異軍突起，市場占有率越來越高。銷售量從每月的一萬二千條竄升到近四萬條，成長三倍之多。紅桂公司香腸的與眾不同也遠近馳名，連日本 NHK 電台都曾專程來台灣拍攝報導。在競爭激烈的香腸市場，許天順一連串的改良成功，讓紅桂公司的地位更加鞏固。

然而，許天順並不以此為滿足。除了產品本身外，他也著手徵求加盟伙伴，開拓銷售通路。雖然是以攤販的方式銷售，許天順對攤車、招牌及人員的裝扮絲毫不馬虎，以乾淨整齊的外觀改變大家對攤販的印象，加上產品本身的優勢，因而贏得消費者的長期真誠信賴。

許天順從中年失業的危機中再創人生高峰，從小生意中開創大事業，憑藉的是不怕跌倒的勇氣。活用舊經驗，讓他克服了半

路轉行的劣勢；善用探索研究的精神，把握問題的關鍵，結合確實的行動要領，成功的切入問題核心，讓他能夠後來居上，在香腸及沾料方面不斷創新改良而贏得口碑。許天順的自學改良，彈無虛發，因此能打敗對手，攻得市場一席之地。

　　小香腸也有大學問，千萬不要小看任何事物的學習。只要能用心、有技巧、得要領，就算是換跑道，比別人起步晚，也能急起直追，甚至後來居上。就像中年轉業的許天順，由看似小生意的攤販及香腸市場，開創出一片事業。

楷模啟示錄

　　事業無大小，只有成不成。

08 紙上乾坤
洪新富

平凡的一張紙，除了用來書寫、折疊、剪裁，甚至擦拭外，還可以做些什麼呢？不平凡的創作往往來自於平凡的材料。蛋殼雕刻是在質樸無華、甚至一無是處的蛋殼上，創作出細緻的雕刻，讓不值錢的蛋殼身價暴漲，從平凡的丟棄物變成不凡的藝術品。而平凡的紙張，在洪新富的巧手切割刻劃下，也突破了原來的用途，成為雕刻的素材，變成一張張不凡的藝術作品。洪新富的紙雕，在紙上開創了新天地。

洪新富與紙的結緣似乎是天生注定的，小學還沒畢業時，11歲的洪新富就對紙產生濃厚興趣，17歲決定終生與紙為伴，到現在轉眼已二十多年。洪新富年紀雖輕，卻已經在紙雕一行聲名大噪，不僅作品琳瑯滿目，也是台灣手工藝研究所的主要講師，對推廣紙雕藝術不遺餘力。洪新富自創紙雕技法，卻不藏私，樂意將紙雕藝術介紹給每一位能接觸到紙的人。從平凡的紙張中，洪新富發掘了創作的天地，也找到自己生涯發展的舞台。

在紙雕藝術上，洪新富完全是無師自通，不曾拜師學藝，只靠自己摸索來精進。他把紙雕當作一門學問來研究，自行買書閱讀，在自修的過程中積累心得。他目前已編寫了《紙雕卡片》、《紙雕傳情》、《紙雕動物園》、《紙玩七情》等十餘部叢書著

作，家裡也收藏了三千多冊介紹紙藝的書籍，有如一座小型的紙雕專業圖書館。對於藏書，洪新富除了免費對外開放、提供同好借閱外，還提供影印服務。十餘部叢書著作，都是洪新富的閱讀心得加上實際創作經驗整理而成，包含了他的專業見解及創作紀錄。從 DIY 到有豐富的著作出版，洪新富活用了書本上的知識和實際的技術、經驗。

如今的自修有成，是洪新富用心學習的結果。他曾經為了想雕出一隻獨角仙，先將昆蟲零散的標本一一丈量記錄，再拼湊成設計圖，然後經過多次嘗試、不斷改進缺失後，終於做出一體成型、不需外貼的獨角仙。這突破性的創作過程其實包含了很多功夫，除了經驗外，還需要實驗、嘗試、修正等研究的精神和作法。洪新富的座右銘是：「凡事只要用心，樣樣都會變成可能。」所謂「心想事成」，必須經過認真的努力。洪新富強調心法與技法要合一，沒有心法的技法缺乏生命力。在心法引導下，洪新富不斷創新方法，諸如改進傳統「貼合」技術，創造「扣卡」技巧，直接一紙成形，或是運用「借紙法」，讓層次背景更加分明。

曾任中華紙藝協會秘書長的洪新富，特別重視將生活經驗與生命的感受轉化成具象的雕塑品。他的昆蟲系列，就是來自日常生活的觀察。他也鼓勵用紙雕來表達情意，代替文字的抽象。為提倡環保，洪新富還採用環保合成紙當材料，如「動物面具」系列。洪新富最大的心願是，成為紙雕藝術的推廣者，讓紙雕變成兒童的基礎教育，讓更多人參與紙雕創作。「我好，別人也好」

的豁達胸襟，是洪新富令人敬佩的精神。能夠從平凡的紙張中發現興趣，是他日後自學成功的基礎。勤於閱讀研究，又能結合豐富的創作經驗，讓他得以陸續出版著作，發表專業實用的技術。而善於摸索嘗試，也使他能夠自創新法，增進紙雕的技術層次，提升個人的創作水準。

在平凡的紙上刻劃乾坤，反映出生活，洪新富也雕琢了自己不凡的人生。從小與紙結緣，看似簡單平常的嗜好，卻開啟了藝術創作的路。洪新富賦予不起眼的紙張更大的表現舞台，提升了紙的藝術價值，也為自己開拓了生命的空間。

楷模啟示錄

紙上乾坤，用心打造。

09 台語英雌 吳秀麗

　　30 歲以上的人可能都還記得，從前念小學時，學校為了推行國語，用盡了各種獎勵及懲罰的方法。國語演講比賽就是用競賽的方式來獎勵優秀者，以收推廣國語之效。平時若不小心「方言」脫口而出，就要被罰錢或罰勞動服務，以此營造學習國語的環境。如今事過境遷，現在的小孩國語講得比方言好，越來越多的人重新了解母語的可貴，紛紛回頭學習母語，不論是閩南語、客家話或原住民語，吳秀麗也是其中之一。

　　原本國語流利的吳秀麗，多年前由於在長老教會中傳道必須使用台語，才發現平時所寫的文字無法和口語連結，這讓她興起了研究台語的念頭。在當時，台語的書籍、有聲書不像現在這麼多，吳秀麗只好從讀字典開始。她讀的第一本字典是《廈門音新字典》，當她拿出字典要閱讀時，卻發現裡面滿是密密麻麻的羅馬拼音。吳秀麗下工夫勤讀標音，並且注重字詞變化，逐漸扎下台語學習的基礎。

　　勤於自修學習的吳秀麗並不是只以字典來學台語。她大量讀書，從書裡面找到想知道的文字、語音變化，並向講台語的老前輩們請教。如此多管齊下，一路學下來，吳秀麗的台語大有精進，搖身成為台語學習專家，並投入台語教學的工作。近年來，

她幫台北縣政府編寫許多台語教材，如：《痛苦王和如意君》等，也由自立晚報出版《商用台語》、《親子台語》等書。配合教材的需要，吳秀麗也錄製錄音帶、錄影帶，又在電視電台主持台語節目、在 YMCA 開台語班、訓練華航空服員，成為全方位的台語教學推廣專家。

吳秀麗認為，不論每個人的母語為何，出了社會後仍需用到台語，因此台語應該列入中小學課程。她幫台北縣編鄉土教材的目的，就是希望先從台語基礎教育著手，讓小學生學會說台語。面對著從未做過的全新挑戰，吳秀麗並不把台語教育定位在「欣賞過去的東西」。她以創作的方法，自己編寫故事，費心設計活潑的教材。民國 81 年出版的《我們的故鄉台北縣》，便是第一本以台語文寫成的鄉土教材。她也提出「嘴講父母話，手寫台灣文」的觀念，希望從家庭、學校及社會等層面來落實。

完成這麼多著作，吳秀麗憑藉的是熱情與理想。她可以用 60 分鐘的經費錄 90 分鐘的內容，或是自己花錢找較好的插畫家，讓教材更加生動有趣。雖然必須「倒貼」，吳秀麗卻甘之如飴，希望能為後代子孫留下些資產。從門外漢到專家，為了傳道而學台語的吳秀麗，經由自學，變成會寫書、會教、會編教材、會推廣的台語專家。除了學習目標明確外，吳秀麗善用不同的學習方法，讀字典、讀書，而且向講台語的前輩請益。而她寫書，參與印刷、電視、電台、視聽等不同媒體教材的編擬，除了教學推廣外，也有助於提升學習效果，增進自學成效，這是一種很好的學習回饋過程，對於語言的學習十分有效。

　　在講究溝通的時代，語言是極為重要的工具。閩南語更是台灣日常生活所需要的溝通工具。從門外漢到專家，吳秀麗的台語學習早已超越了原本傳道的動機，擴大了她表現及成就的舞台。

 **楷模啟示錄**

　　學習能夠多管齊下，效果更能多多益善。

10 素人院士 曹永和

中央研究院是我國最高的學術研究機構，主管重要的學術研究、交流及推廣，院士的學術地位及社會聲望備受尊崇，通常必須在學術上某一領域有極高的成就，才能通過投票獲選為院士。近年來競爭更為激烈，當選人皆為一時之選，大都是出自國內外名校，擁有博士學位的佼佼者。在這樣的氛圍下，連大學都沒上過、只有高中學歷的曹永和，便格外搶眼突出。

曹永和的最高學歷是民國 26 年畢業於台北二中，即現在的成功高中。雖然只有高中學歷，民國 87 年，他卻在激烈的競爭中脫穎而出，以研究台灣早期歷史的傑出成就當選中研院院士。

曹永和的學術造詣來自勤讀書、善用圖書館，參加讀書會分享並切磋學習。他自己歸納的第一個學習秘訣是，要有良好的童年環境。曹永和在台北士林地區長大，當時士林區接受高等教育的人口比例高於其他各區，在這樣文風鼎盛的居家及生活環境中，曹永和在國小階段就已廣泛地接觸課外書籍，並懂得利用圖書館。

第二個秘訣是要經常接近書，常接近書就有機會多讀書。在念台北二中時，曹永和志願到學校的圖書室擔任義工，協助圖書上架整理的工作。至今他仍能清楚記得學校裡的那個角落，是專

門放置課外圖書供學生課餘時閱讀。民國 36 年肺病痊癒後，曹永和在台灣大學圖書館找到一份工作。在圖書館工作不但使他有機會接近書、讀書，還能與來借書的老師建立良好關係，此外，由於常需帶領外國來訪的學者參觀圖書館，使他對館藏的書十分熟悉。在圖書館工作帶給曹永和很多知識的來源，方便找資料，於是更加充實自己。

　　第三個秘訣是參加讀書會。高中畢業後，曹永和親身參與士林地區讀書會的創立。在會中他不但草擬章程、安排活動、結合同好，還因辦過鄉土展覽，開始訪問耆老宿儒尋找史料，也因此奠定自己對歷史研究的興趣。讀書會的豐富活動更讓他開闊胸襟，增進與同儕的合作學習。當時他們的讀書會曾經聚集了醫學院的學生，大家協力翻譯，將當時德國先進的公共衛生或通俗科學成果整理出版。除了一起讀書翻譯外，讀書會還曾組織合唱團參加台北各地的合唱聯合演出。這種集合不同背景的朋友所組成的讀書會，不僅能分享學問，也能結交朋友、陶冶興趣，曹永和從中獲益甚多。

　　從童年的書香環境，到圖書館工作的近書、讀書、用書，以及讀書會活動的豐富收穫，曹永和靠著自修勤學及分享學習，在台灣史的研究上卓然有成。即便是艱澀的荷蘭文，曹永和都是自學而成。在台大圖書館工作時，他經常到各系所旁聽課程，充實自己的知識。曹永和的愛書及讀書，是他自學的良好基礎。選擇接近書的圖書館工作，讓他擁有知識的殿堂，悠遊在知識的瀚海中，走在獲取讀書資源的最佳捷徑上。積極參加讀書會，以文會

友，讓他得到多方面的效益，善用了有效的團隊學習讀書方法。勤學更是曹永和讀書的基本功夫，活到老學到老的精神，是他超越學院教育、扎根學術的不二法門。

沒有高等教育的學位，只有高中畢業的中研院院士，曹永和為自己寫下了歷史，也創造了紀錄。憑著自學及治學成功，曹永和搭建了屬於自己的崇高學術舞台。

 **楷模啟示錄**

內在的本事比外在的文憑重要，學歷高不如學力好。

11 工藝行家
張舒嵎

　　玩泥巴是很多人的童年回憶，尤其是在鄉下長大的小孩。如果是在課堂上玩泥巴，而且還有勞老師教導，那就是玩黏土，變成美勞或工藝課的一部分。在藝術領域也有泥塑的項目，泥巴玩得好，還可成為藝術創作。張舒嵎就是擅長玩泥巴的人，玩到成為泥塑家，而且還精通各種工藝。

　　張舒嵎來自南投竹山，本行學的是工程。但是因緣際會地，在工專畢業的前夕，他突然決定輟學，也終止了日後走上工程一途的可能性。張舒嵎早年曾學過水墨畫，後來放棄水墨，自修學習素描、油畫，還曾開過藝廊及裱畫店營生。從工程轉到藝術，張舒嵎起初仍十分徬徨猶豫，對於自己未來的方向並不清楚。

　　大約在二十多年前，張舒嵎才認真地規劃自己的生涯，決心將自己的未來定位為職業藝術家。有點善變的張舒嵎用善變來看待藝術，於是對於素描、水彩及油畫，也從多變的角度來創作，不侷限於單一繪畫形式的技巧，而能兼容並蓄，發揮多樣的活潑特色。張舒嵎也持續多年的自修苦讀，成功地轉化彩繪點、線、面烘托的意象。這種不拘泥傳統技巧、突破創作框框的作法，讓張舒嵎有了更大的揮灑空間。而不斷地自學，更是他創作的源頭活水。

　　張舒嵎可說是用「玩」的方式來從事藝術創作。玩過素描、水彩、油畫，以及平面的構圖後，在 90 年代後期，他開始玩泥巴、捏人像。玩上泥巴後，他似乎找到了童年的回憶，越玩越有心得，越玩越快樂，也越玩越得心應手。為了創作，張舒嵎還研究過《易經》，堅持「過程」才是意義所在，結果並非那麼重要。張舒嵎的泥塑作品泥土味濃厚，充滿著人文氣息，主題人物從傳說故事到市井小民都有，盪漾著人間的溫情。其作品曾在台南市東門美術館展出，深深受到參觀者喜愛。「與人生對話」，是張舒嵎創作的理念，而結合古籍閱讀及日常生活所得，更是他構思的重要依據。

　　善變的張舒嵎下一步想學習木刻，為自己開啟藝術創作的另一扇門。張舒嵎的不安於現狀，看似善變，其實是勇於嘗試、不願滿足現狀、努力求新求變的表現。對於藝術創作者來說，這種不斷自我突破的精神十分必要。從工專中輟，摸索生涯到定位為職業藝術家，張舒嵎的生涯發展之路並非盲目從眾，而是結合了個人的興趣專長，因此能走出自己的路。而在苦讀中學習，反映學習成果於作品的創作上，不斷修正改進，更是張舒嵎能求新求變的原因所在。尤其是類似素描、油畫及泥塑等技術，張舒嵎在缺乏底子的情況下，僅靠自學就能自成一格，與其說是天賦異稟，不如說是他苦讀活用的結果。不劃地自限而能自修成長，正是張舒嵎進步的原動力。

　　一花一世界，一樹一菩提，萬物都有存在的道理及其功用，千萬不要看輕自己。一個人最大的敵人往往是自己，千萬不要輕

易讓自己綁住自己。不限制自己的張舒嵋靈活的「玩」，自修學會多種工藝技術，甚至還要學木雕。只要能「玩」，玩出花樣了，不怕沒有出頭天的一日。

 楷模啟示錄

　玩藝術的「過程」，有時比藝術「產品」更吸引人。

12 養魚郎成神農
古文光

傳說古代的神農氏，親自遍嘗百草，逐一區分有毒、無害及有益等植物類別，以教導人民播種、採擷、食用。於是神農氏成為中國農業的始祖，也在和藥草關係密切的中醫歷史上，占有重要地位。古有傳說的神農氏，在現代也有真實的神農，為了治療母親的病遍嘗百草，無師自通，最後成了精通中醫藥草的專家。這位現代神農孝子就是古文光。

古文光原是一位養魚郎，也曾經營香菇種植，閒暇時候自修專研中國藥草的效用。他雖然沒有傲人的學歷，卻憑著對藥材的研究心得，幫助了不少人，其中包括自己的母親。

多年前，古文光的母親罹患肝癌，到大醫院開了兩次刀，病情仍然相當不樂觀。眼看母親就要撒手西歸，古文光力排眾議，把她接回家，自己親手調藥醫治。在餵食之前，古文光一定先親口嘗藥，確定沒有不良反應後，才敢讓母親喝下。為了監控病情，古文光勤作觀察紀錄，在母親身旁寸步不離，以監控病情的變化。服了半年的藥之後，他母親不但奇蹟似的活下來，還能行動自如，做些簡單的家事。

這個消息流傳開來，許多人紛紛登門求教，或向古文光求藥。古文光自忖多年來苦心鑽研百草的藥效，目的就是要使人們

免於受疾病侵襲的痛苦，於是毫無保留地將藥帖和其他需要幫助的人分享。為避免不肖之人濫用藥方，試用初期一律免費，用了覺得有效，再酌收藥材成本費。由於藥材裡不乏價錢昂貴的牛樟、靈芝、野生金線蓮等，不到幾年，古文光就花光了他養魚所賺來的辛苦錢。親戚朋友擔心他會破產，古文光卻絲毫不以為意。

　　古文光毫不保留地熱心助人，其實和他的成長歷程關係密切。從小他就夢想要當醫生，可是礙於家裡清貧，無緣升學。雖然沒機會念醫學院，古文光並沒有停止學醫的夢想。初中畢業後，他進入醫院當藥劑師助手，奠定了正確使用藥物的觀念。後來他一方面買書自己進修，一方面則實際到山上採集野生藥草，一頭栽進了中藥世界。在遍嘗百草之後，他發現很多植物都具有治療的效用，而且會隨著環境而改變藥效。為控制品質，他在自家闢地栽種金線蓮及一葉蘭等野生植物，在不使用肥料、農藥的環境下細心培育。

　　沒有錢念醫學院，沒有耀眼的學歷，古文光以草根式的探究，以自修和親嘗百草的方式，累積了中藥知識，也幫助了不少病患，其貢獻不比醫院的醫師小，專業知識也不遜於掛牌的中醫師；然而他與世無爭，不計較得失、慷慨助人的作法，是商業氣息濃厚的醫院或藥局所無法相比的。從養魚郎、種植香菇的經驗，古文光憑著對藥草的興趣，勤於自修學習，雖未接受醫學院的正規教育，卻學到了豐富的藥學專業，成為發揮行醫效果的素人醫生。親嘗百草雖帶點風險，卻是相當實際有效的方法。而他

自種藥草、採擷野生藥草，都是具有行動研究色彩的好方法。根據興趣閱讀書籍，加上實際嘗試、兼以親自栽培，如此理論與實務並重的學習方法，古文光的自學效果，不遜於接受正規醫學院教育的結果。

親嘗百草、為母親治病、開藥方協助他人治病，這些都是有風險的工作。對未曾接受醫學或藥學教育，只靠自學和經驗的古文光來說，看似相當大膽冒險。但無欲則剛、樂善好施的態度，讓沒有私心的古文光更有信心，更能腳踏實地學習並提供專業建議。和滿懷私心的人相較，古文光其實更為謹慎小心。

 楷模啟示錄

從做中學的經驗學習，是學用合一的好方法。

第五篇

英雄出老年

　　雖然俗語說：「英雄出少年」，但有時候薑是老的辣，少年郎還是要回過頭跟老人學習。尤其現代的醫學發達，生活水準提高，人們的平均壽命越來越高。以前說「人生七十古來稀」，現在說「人生七十才開始」，每年的重陽節敬老活動，人瑞的數目總是逐年增加。百歲以上的人瑞已經不再稀奇，70 歲還真像是小老弟。身體越來越健康硬朗的結果是，即使過了 60 歲成了「老人」，仍然紅光滿面、老當益壯、老而彌堅，生龍活虎不輸年輕人。雖然已經近黃昏、夕陽卻依舊無限好。以往象徵退化、萎縮、羸弱的「老」字，逐漸變成經驗、智慧、長青的代表。

　　本篇 12 位學習英雄，都是勇於學習而越學越年輕、越學越有智慧的銀髮族。「學習」讓他們在生理及心理方面都更加健康，在人際關係上更加緊密，在知識技能上更加充實。他們打破一般人對老人的刻板印象，超越學習的障礙，發揮了不輸年輕人的英雄氣概！

01 不做青暝牛
邱對

　　台灣地區到民國 59 年才正式實施九年國民義務教育。在此之前，國小六年畢業想要再念「初中」，要經過競爭激烈的考試才能取得求學機會。加上當時的社會經濟條件比較不好，政府辦教育或民眾接受教育的條件都較差，教育機會不普及，使得整體的國民教育程度及識字率都偏低。而受到重男輕女或「女子無才便是德」等偏差觀念的影響，女性受教育的機會又普遍低於男性，近百分之五的不識字人口中，以年長的女性占大多數。然而，仍有不少女性和邱對一樣，把握政府提供的成人基本教育，學會了識字，讓人生由黑白變彩色。

　　媒體報導時已近 81 歲的邱對，出生在彰化縣田尾鄉的農家。父母親本就重男輕女，加上家境貧困，注定了她早年失學的命運。她在 17 歲那年結婚，生了兩女一男。後來她的丈夫受日本殖民政府徵召入伍當軍伕，被派到南洋去，一去就再也沒有回來。邱對在務農之餘兼做裁縫，茹苦含辛地養大三名子女。一輩子操勞、坎坷，使得邱對個性始終開朗不起來。

　　然而，學習識字，改變了邱對的後半輩子。在曉陽商工服務的孫女慈惠阿嬤去讀書，好讓生活有個寄託，邱對於是進了橋信國小補校念成人基本教育班。為了鼓勵阿嬤念書，孫女天天開車

接送。邱對從小遭受失學之苦，因此向來很重視子孫的教育，兒孫們也很爭氣，功課都很好，有位孫女還是英國的微生物博士。如今有機會當學生，老祖母的用功好學精神不比兒孫們差。念了三年，邱對不但學會說國語、會寫信，搭車、領款更不成問題，從此不用再依賴別人幫忙，提高了獨立自主的能力。自我價值的肯定，讓邱對的心情頓時開朗起來。

年近 74 歲才當學生學識字、念ㄅㄆㄇㄈ，邱對念起書來是既珍惜又興奮。尤其每年辦的校外教學活動，不論是參觀故宮、海洋博物館或是總統官邸，出發前邱對都高興得睡不著。年輕時少有機會旅遊，生活重心也都在子女身上，如今有外出旅遊的機會，又有那麼多同學相伴，結合了學習與休閒，當然讓她覺得興奮了。在學校念書的三年裡，邱對也結交了不少同學「老朋友」，平常一起聊天、打電話、討論功課，感情非常好。朋友增加了，邱對的心胸變得開闊，心情也更加開朗，人生觀更隨之改變。對年紀輕輕就守寡的邱對來說，同窗好友相伴的情誼，讓她備覺溫馨珍貴。

不識字往往被形容是「青暝牛」──因看不見外在世界而變得愚笨。「不識字又兼嘸衛生」的說法，也讓不識字的人承受很大的社會壓力。然而許多人之所以失學不識字，是受當時社會及經濟條件所限。現在這些不利因素已不存在，政府也努力掃除文盲，推行終身教育。邱對在兒孫的鼓勵下走出了陰霾，學會了基本的讀說寫算，也開拓了燦爛的餘生，的確是人生七十才開始。而她認真學習的精神，珍惜學習機會的態度，更值得年輕朋友仿

效──74歲的阿嬤都可以了，你不能嗎？邱對和同學之間感情融洽，不僅可相互討論功課，也能在生活上分憂解勞。這對過度競爭，只會孤軍奮鬥或獨善其身的年輕學子來說，更是很好的啟示。

　　人因學習而偉大，學習讓人創造並累積了豐富的知識。個人因學習而成長，不僅增進了知識，也開拓心胸、豐富人生。對於不識字的人來說，學習更是自我提升的途徑。對於年長者如邱對，學習所帶來的精神價值及心理滿足，更是他們最珍貴的收穫。

楷模啟示錄

　　學習讓人由打開「視界」，進而打開「世界」。

02 高齡補校生
陳玉樓

　　政府設置國中補校的目的，是要提供年輕時沒有機會接受教育的人一個完成學業的管道，具有補償教育的功能。但隨著我國教育水準的提升，國中的就學率及畢業率都已達百分之九十五以上，教育機會已經相當普及。國中補校原來補償性的教育功能也因此降低，而增加了發展性的教育功能，成為國小補校畢業生的升學管道。國小補校畢業生多是早年失學的民眾，一路從識字班、國小補校辛苦念上來，升到國中補校後，平均年齡也大為提高，大多是「老學生」面孔。陳玉樓也是這般在學習路上一步步向前。

　　家住基隆的陳玉樓媒體報導時高齡 74 歲，是八、九個孫子的阿嬤。她從年輕時就一直操勞於家庭生計和養兒育女。子女紛紛長大後，又忙著帶孫子，幾乎將大半輩子奉獻給家人。這幾年，孫子多已長大懂事，陳玉樓這才空了下來，到附近的仁愛國小念夜間補校。陳玉樓在國小補校念書期間，勤學不輟，畢業時更拿到市長獎，十分光榮地畢業。接觸書本，讓陳玉樓的生活更加充實，雖然是「老學生」，但心情有如小學生一般雀躍，每天總是期待上課時間到來，充分嘗到了學習的喜悅。

　　念出了興趣和成就，陳玉樓從國小補校畢業後，繼續升到暖

暖國中補校念書。國中補校的課程遠比國小來得多，難度也比較高，然而陳玉樓並沒有被繁重的功課嚇跑。她對國文和地理特別有興趣。上了地理課，她才知道世界有多大，對世界各國的地理有了認識。她的長孫在美國德州攻讀博士，學過地理後，她對德州的位置才有了概念。數學和英文是她比較頭痛的科目，常常今天學，明天就忘得一乾二淨。雖然辛苦，但陳玉樓對英文也摸索出一套方法，用日文注音來學英文，加強記憶。

陳玉樓在國中三年認真用功，順利取得國中學歷。老師極為讚賞她的讀書精神，她不但出席率高，學習意願也很強，常常打破沙鍋問到底。此外，她每天很早就到學校等著老師上課，對於常曠課的年輕學生也會好言相勸，是班上的重要人物之一。由於出自好意，年紀也較大，陳玉樓的規勸，往往比老師的話更有效。她的好學精神本身就是很好的榜樣，更具有很好的示範效果。三年國中生涯，陳玉樓讀來毫不馬虎含糊。順利畢業對她來說，就是一項莫大的肯定。

從國小補校一路念到國中補校畢業，重拾書本為陳玉樓打開了窺看世界的一扇窗，在氣質上也改變不少。雖然起步比別人晚，但是收穫卻不比別人差。年老就學並未使陳玉樓退卻、害羞，反而令她更加投入。除了學習意願高、珍惜學習機會、勤學不曠課外，她不怕困難，運用自己擅長的日語來學陌生的英文，不僅可截長補短，而且符合「以舊助新」的正向學習遷移原理。雖然是土法煉鋼，卻相當符合個人需要。在學習態度上，陳玉樓並不是被動地對老師的教法照單全收，而是能主動求知、積極發

問的智慧型學習者。和大多數不會發問、只接受「填鴨」的年輕學生比起來，陳玉樓可說是他們的好榜樣。而對同學的熱心關懷，也顯示她是樂於助人的好夥伴。

陳玉樓在國小補校以優異的成績畢業後，又升上國中補校，用功地念完六年書，不受年紀大所阻礙，反而越念越有興趣，愈補愈好，不但補上了以前所失去的教育，也增長了智能。

 **楷模啟示錄**

學習不怕起步晚，只怕沒起步。

03 不打仗，打電腦
陳鋆

在資訊時代，學習用電腦已是稀鬆平常之事。學會用電腦處理文書，也逐漸就像傳統的讀說寫算一樣，變成現代人所需具備的基本能力，更是國民教育的必修課程。基本的電腦操作及應用，就像識字一般，是每個人的基本素養。這種資訊素養對年輕一輩或年少學生來說，一點也不稀奇，可說是入門的馬步功夫，但對銀髮族來說，卻是值得敬佩的突破。陳鋆就是「臨老入電腦叢」的學習英雄。

民國 6 年生於廣東省新會縣的陳鋆，原本從事教職，中日戰爭開打之後便投筆從戎，從軍報國，曾轉戰大江南北。之後隨著國民政府來台，民國 58 年以上校軍階退役，轉到民營的航業公司服務。因工作關係，他造訪過世界各國，玩遍不少國家。先進國家飯店的訂房或旅遊交通訂位都是使用電腦，讓他意識到電腦的重要性。雖然當時電腦的使用不如現在普及、蓬勃，但看著電腦所帶來的迅速方便，陳鋆已預見電腦將在未來的生活扮演更吃重的角色。

陳鋆的兩個兒子、三個女兒，以及孫兒、孫女，個個都會使用電腦，堪稱「電腦家族」，陳鋆不想變成「電腦文盲」，被兒孫們笑是 LKK，便鼓起勇氣參加高雄師大開辦的長青班電腦課

程。起初，在高雄市立空大任職的女婿，因為擔心老人家太辛苦，體力或精神吃不消，並不支持他學電腦。然而這卻使陳鋆更堅定要學好電腦的決心。後來女婿看他越學越帶勁，愈來愈精力旺盛，不得不對老丈人刮目相看，承認自己當初太多慮了。

在長青班三年多的學習課程中，陳鋆不但全勤，而且認真學習，學會了用電腦編排文件、畫圖、作曲、製作親友通訊錄、編家譜、作賀年卡，甚至還用電腦印製自己的名片，電腦已經成為他日常生活中不可或缺的左右手。最令陳鋆開心的是，他和孫子女、兒女、媳婦間有了共通的話題，也拉近了彼此的距離，超越了年齡代溝。學了電腦後，陳鋆的心情變得更開朗，他不僅從學習中得到成就感，和家人的互動也更為親密，能夠和兒孫打成一片，家人的感情因此更為濃厚。

陳鋆由學習電腦中體驗到，什麼年紀開始學電腦都不嫌晚，只要身體健康、眼力夠、有信心及決心，就能夠把電腦學好。將近 80 歲才學電腦，陳鋆的學習成就更可激勵年輕人。然而，天下無不勞而獲之事，陳鋆克服了心理障礙，給自己嘗試學習科技新產品的機會，這是很重要的學習準備。三年全勤的認真學習，表現了他用功學習的決心。善用大學推廣教育的資源，而非一窩蜂地擠進補習班，也是陳鋆的學習優點。家裡晚輩會使用電腦而且擁有電腦設備，也提供了陳鋆一個良好的學習環境，使他可以經常練習電腦。而陳鋆善於發揮學習環境的優勢，也活用了學習的成果，將所學充分運用於日常互動的需要上，如此也增進了和家人之間的溝通聯繫，培養了親密的家庭關係，可說是一舉數

得。

　　不論資訊科技如何發展，畢竟都只是工具，個人仍然是發揮資訊科技最大效益的決定因素。如何善用資訊科技產品，不因恐懼、生疏而逃避，或是變成它的奴隸，就必須藉由學習來善用它，變成它的主人。對曾身為軍人的陳鋈來說，電腦不如戰場上的敵人可怕，征服電腦遠比打仗容易。電腦變成退伍老兵在新時代的最佳利器。

楷模啟示錄

　　電腦好不好用，就看你要不要學，會不會用。

04 放洋老生
莊丁波

出國念書除了要具備經濟條件外，還需要離鄉背井的毅力、克服挫折的勇氣，有時更需面臨踽踽獨行的孤獨寂寞。和在國內求學比起來，出國留學是更大的挑戰，需面對更多不確定性。對年輕人來說，能出國念書是一件令人羨慕的事，也比較能夠輕鬆適應且勝任愉快，因此在國人的經濟條件提高之後，出國進修的年輕學子一年比一年多。但像莊丁波這樣年近 70 才負笈他鄉念書，簡直有如面對不可能的任務，要吃更多的苦頭。

在出國留學之前，莊丁波的人生其實已經十分光彩輝煌。媒體報導時 74 歲的莊丁波，於民國 34 年從花蓮高工畢業回到台東服務，在台糖台東廠上班。當時高工畢業已算是極為少數的高學歷，五年後，莊丁波在家人的鼓勵下參加縣議員選舉，以 24 歲之齡當選，成為台東縣最年輕的縣議員，甚至連當選證書都是第一號。後來莊丁波連續當選五任縣議員，其間還當過商會會長、米穀工會理事長、農會代理總幹事及信用合作社總經理等要職，在台東地區政壇算是老前輩，歷練相當豐富。

民國 63 年，莊丁波二度當選台東鎮長，任內台東鎮改制為台東市，71 年卸下市長職務後，他徹底退出台東政壇，從此賦閒在家，享受含飴弄孫之樂。從充滿掌聲的政治舞台，到在家享

受天倫之樂，如此的轉換需要相當大的勇氣和魄力。所謂上台容易下台難，能夠急流勇退的人畢竟是少數，值得更多的掌聲。政治路上難免因利益糾葛而有恩恩怨怨、紛紛擾擾或不同的評價，然而豐富的政治歷練也是寶貴的人生收穫，累積了無形財富。

莊丁波的家境條件，在當時算是中上人家，弟妹個個是大學畢業，擔任法官、醫生及教師等專業職務。莊丁波生於日據時期，日文基礎比中文好很多，日文於是成為他繼續學習的重要工具。幾年前，莊丁波參加日本近畿大學的商學系研修，每年寒暑假固定到日本上課，平時則在台東做作業或參加教授到台北的面授課程。這種典型「半工半讀」的學習方式，讓他重新當起學生。幾年下來，除了一圓大學夢，也念出不少心得。

莊丁波的妻子過世後，他的生活重心從原來的社會服務及進修，轉而以念書和運動為主。有豐富政治歷練的莊丁波，或許比別人多了一些機會，家境或許比別人好，但令人敬佩的是他對政治拿得起放得下，特別是在淡出政壇後還繼續進修念大學，這和一些為求鍍金而放洋進修的政治人物相較，少了功利的氣息，多了學識及理想的追求。年近 70 才念大學，除了平時進修，還要不怕舟車勞頓，到台北或日本面授，莊丁波展現出更多放洋學習所需要的毅力。而善用日文專長，選擇日本大學就讀，既踏實又切合自己的能力，也是學習有成的基本條件。

在國內現今的物質條件下，要出國留學或遊學並非遙不可及，但是像莊丁波這樣臨老放洋、為理想而學習的例子，卻不容易找到。出國變容易了，但是「留」而不學、「遊」而不學的人

也變多了，真正「學」的人卻變少了，少得不禁讓人急著要去大
加鼓勵！

 **楷模啟示錄**

放洋留學不難，難的是肚裡是否真有墨水。

05 鏗鏘有聲
陳明鏘

在尊師重道的傳統價值影響下，教師在我國向來享有一定的社會聲望。近年來，想當老師的人越來越多，除了工作穩定、薪水不錯、又有寒暑假之外，職業角色受到社會大眾敬愛也是原因之一。老師是專業人員，是推動教育工作的重要尖兵，如果能投入社區教育或家庭教育的服務，更是社會上一股重要的進步力量。陳明鏘就是這樣一位退而不休的老師，雖然離開了學校，卻依舊在教育崗位上奉獻心力。

媒體報導時 67 歲的陳明鏘，從民國 47 年起，就在屏東市的中正國中擔任國文老師。陳明鏘家學淵源，從小就耳濡目染，扎下了堅實的國學底子，對詩詞書畫也很有研究。然而他後來之所以能執教於國樂這個陌生領域，完全是無師自通的結果。陳明鏘開始接觸國樂，要回溯到民國 64 年的一場「美麗的誤會」，這場誤會使他從此一頭栽入悠揚的國樂世界。

民國 64 年間，陳明鏘有一次經過某間教室，發現一名學生正在吹奏笛子。他一時興起，隨手向學生借笛子來把玩，不料校長尾隨來到，以為先前優美動聽的笛聲是陳明鏘吹的，於是要他主持國樂班。面對校長的盛情邀約，陳明鏘只好硬著頭皮接下這

份差事，開始到樂器行購買國樂器和樂譜，在家中摸索苦練。一兩個月後，他履約開設了國樂班，從此和國樂結下不解之緣，多年來，無師自通地學會各種國樂器。

55 歲時，陳明鏘從學校退休，轉到救國團教授書法及國畫。後來經朋友推介，進入屏東監獄擔任榮譽教誨師。在獄方的支持下，陳明鏘陸續開班講課，開了道德重整班、書畫班、升大學國文班及國樂班等課程。在國樂班上，他將自己學來的十八般武藝傾囊相授，毫不藏私。這些義務課程占去了陳明鏘退休生活的大半時間，但這位受刑人口中的「陳老師」卻樂此不疲。這些課程讓監獄的受刑人獲益良多，陳明鏘優異的教誨師表現，也得到法務部的頒獎表揚。卸下教職轉到監獄當志工，讓陳明鏘開啟了生涯的第二春。

退而不休，仍然熱心投入教育工作的陳明鏘認為，受刑人和學校學生沒什麼兩樣。除了講課外，他也時常進行機會教育，鼓勵受刑人儘早浪子回頭。對於國樂教學，陳明鏘更是樂在其中，在教學的過程中，他和學生分享了自學有成的樂趣，也在美麗的樂聲中嚐到辛苦練習後的甜美果實。陳明鏘雖然是陰錯陽差地走入國樂的世界，卻因此開發了自己的潛能，興趣加上苦練，終於學習有成。不設限而勇於嘗試，讓原本是門外漢的陳明鏘學會多種國樂器。而他獻身教育，到獄中擔任教誨師，更展現了無私無偏的教育之愛。

懂得分享的人最快樂，因為在和別人分享的過程中，自己已

先嘗到了喜悅。陳明鏘不僅讓教師這個角色充分發揮功能，實踐了教育的真諦，也在教學過程中和學生分享學習成果，從中得到滿足，本身正是最佳的學習榜樣。

楷模啟示錄

「樂」自心中來，是音樂、是快樂，也是成就。

06 樂陶然
林菊芳

在週休二日的趨勢下，休閒風氣日盛，不僅業者努力開發各種新鮮的玩法，政府也主辦各種另類的休閒活動，個人或團體更是卯足了勁嘗鮮。於是休閒果園、農地種菜、健走、泛舟、BB彈射擊、高空彈跳、養花蒔草等，紛紛出籠。其中陶藝也很受歡迎，自己捏陶、燒陶，既寓教於樂又能獲得成就感，各種造型的DIY 成品，不僅可以帶回家當紀念品，也具有實用價值，可謂一舉數得。然而，玩票容易，要玩到能夠在文化中心開個展，而且是 56 歲才開始學，那就不容易了。

媒體報導時 73 歲的林菊芳，背有些駝，眼睛瞇瞇的，銀白的髮絲閃閃發光。當了一輩子的家庭主婦，林菊芳從來沒想到自己有一天竟然會走上捏陶這條路。她於 56 歲時拜師學藝，讓五個小孩非常驚訝，更沒想到她「越玩越大」，70 歲時竟然在高雄市立文化中心舉辦個展。雖然已經到了應該「安養天年」的年紀，但林菊芳覺得這種觀念不合時代需要，應該改成身體力行，活到老學到老。

林菊芳沒有捏陶的基礎，卻以年過半百的高齡，重新作學徒，學習全新的技藝。孩子們除了驚訝老媽拜師學藝外，更讓他們意外的是，原本堅持林菊芳當一輩子家庭主婦的老爸，竟然支

持她走出廚房、開拓個人興趣，並且給予經濟上的支援。孩子們不瞭解老爸的苦心，林菊芳卻深知老公的好意。林菊芳從年輕時就喜歡捏陶，過去為了家務而不得不犧牲自己的興趣，如今孩子都已事業有成，先生自然全力支持她一圓年輕時的夢想。年輕時的興趣，加上老公的全力金援和支持，讓林菊芳得以好好彌補以往沒有被滿足的捏陶樂趣。

年紀比陶藝老師大一截的林菊芳，一點都不在意自己年紀比老師或同學大。她從燒陶上釉的基本知識學起，一路學到用金水繪陶的高級手法。看著發亮的金箔以花朵紋飾的美妙姿態，棲身在一個個貴氣華麗的花瓶陶缽上，林菊芳驚豔不已，覺得它們比首飾盒裡的珠寶還漂亮，更有生命。尤其是自己辛苦捏製、彩繪、燒烤的作品，除了欣賞它的美麗外，心中的成就感和滿足感也油然生起。從最基礎的技術到比較高級的作法，林菊芳一步一步學，玩法也越來越多，頗有專家的架勢。

從家庭主婦變成陶藝玩家，從相夫教子到學陶藝，林菊芳讓自己的生命更加豐富，不但滿足了年輕時的夢想，也為自己創造出更多的人生作品。半百年紀才玩起陶藝，林菊芳表現了不服老以及事在人為的勇氣，也證明了年紀不是問題。她以學習的具體行動取代安養天年的傳統價值觀，不僅值得銀髮族效法，更是年輕一輩的好榜樣。學習可以讓人更快樂、更健康、更年輕，林菊芳就是一個好例子。從陶藝生手到能夠舉辦個展的好手，林菊芳的學習以興趣為基礎，加上家人的支持和腳踏實地的學習，終於有一番成就。家庭主婦及陶藝玩家兩種角色，林菊芳都勝任愉

快。

　　生命就像捏陶，怎麼捏就會出現什麼造型、燒出什麼成品。善於拿捏的林菊芳，不僅捏出美麗的陶製品，也捏製了漂亮的生命，在傳統的女性角色之外，開拓了藝術創作的道路。

楷模啟示錄

　　想要什麼樣的人生，就看你怎麼拿捏。

07 超級電腦玩家
陽羽明

在一般的觀念裡，玩電腦玩得很瘋狂的人大多是年輕人。許多的調查也發現，高中生到 35 歲這個年齡層，上網頻率最高、最常使用電腦。但是，如果說玩電腦是年輕人的專利，老年人只有迴避或乾瞪眼的份，那可未必。陽羽明就是一位阿公級的電腦玩家。

媒體報導時 71 歲的陽羽明算是台灣最早玩電腦的人之一。民國 70 年代，當多媒體簡報系統剛從國外引進時，社會上極需具備多媒體製作經驗的人才。陽羽明從法務部提前退休後，就進入剛引進簡報系統的榮總工作，擔任醫學教材的多媒體設計製作顧問。當時榮總與台大教授合作，引進「蘋果二號」電腦編序的三機多媒體系統，陽羽明為了工作需要，加上興趣使然，便一頭栽入，投入電腦的學習。他白天在榮總上班，晚上學電腦，回到家往往已超過午夜 12 點。

為了摸清楚「蘋果二號」，只懂得 26 個英文字母的陽羽明咬緊牙根，抱著字典閱讀全是英文的電腦書。他曾經花大錢購買套件，商請工程部的同仁組裝，但同事因為忙碌，拖了三個月都沒動手，陽羽明忍不住，就自己把零件拿回家，花了一個禮拜的的時間，按圖用烙鐵和焊錫動手組合，接上黑白電視當螢幕，再

將錄音機的立體錄音頭換成單音，當作儲存數位訊號的工具。就這樣在沒有書、沒有經驗，連 PE2 都還沒出現的情況下，陽羽明開始組裝玩起電腦，當時他已經 52 歲。從榮總退休後，陽羽明除擔任視聽公司顧問，還開設個人工作室，為公私立機構設計 3D 動畫、教學影帶及多媒體簡報，成為典型的資訊專業工作者。

一般人認為玩電腦是年輕人的專利，對老年人總有看不起的刻板印象。陽羽明去電腦商店購物或逛資訊展時，常被商家或賣方報以白眼，甚至被喝斥不要亂動商品。雖然外在環境似乎不利老年人學電腦，但陽羽明並未放棄學習的機會，也努力為老年人爭取更多的「資訊權益」。他曾經獲得多家媒體公司的支持，對老人提供價格上的優惠，減少了銀髮族學電腦的阻力。由於在專業多媒體作品上表現傑出，陽羽明曾在民國 88 年當選「資訊爺爺」，接受各界表揚。

回顧個人學電腦的歷史，多年來，陽羽明組裝過百餘部電腦，已算是超級電腦大玩家。他認為透過電腦可以遨遊世界，進入虛擬空間，是最佳的終身學習工具。從門外漢經過苦學而成為電腦玩家及專家，陽羽明所投入的學習熱忱及毅力，絕對不輸年輕人。憑著不服輸及勇於嘗試的態度，他進入了新奇、富挑戰性的電腦世界。攝影方面的專長或許有助於他在電腦多媒體製作上的成就，但最重要的還是他自己用功的摸索和學習。陽羽明的經驗顯示，自己動手做比等別人幫忙快，而且學過的東西也才會成為個人的資產。陽羽明把電腦當作學習媒介，不斷汲取新知。

　　身為高齡超級電腦玩家，陽羽明玩電腦的精神值得年輕人學習。發現自己的專長、認真的態度、動手做、隨時吸收新知等，都是成為電腦玩家的重要功夫。而陽羽明為銀髮族爭取資訊權益，更帶有人文的關懷，在一味 e 化的冰冷科技產品中，洋溢著暖暖的人情味。

　　電腦玩家 e 世代，銀髮族 e 起來。

08 「學習」不必說再見！
羅連芳

　　上補習班是很多人的共同經驗，不論是升學、考試、出國、學語言、電腦、烹飪或花藝等，總會有腦筋動得快的商人開起補習班，提供另一種學習管道。年輕學子上補習班可說司空見慣，一點也不稀奇，然而像羅連芳這樣「高齡」66 歲還上補習班，那就非常罕見了。

　　台灣光復後第一屆國民學校畢業的羅連芳原本務農，靠著三甲多的田地，辛苦撫養兩男兩女長大。國校畢業後，因務農收入低微，他曾到台北當鐵工學徒，二十多年前轉行做鐵工，在關西開設鐵工廠。八、九年前，羅連芳幫客戶搭建鋼架屋時，兩度從屋頂摔下來，一度被高壓電殛。雖然幸運地救回老命，卻躺了半年多才恢復。一連串的意外讓他重新思索未來的路，他覺得沒有必要再過著這樣危險的日子，於是關閉鐵工廠，從職場上退休。

　　退休後，羅連芳自忖身體及經濟條件還不錯，決定回到學校完成學業。媒體報導時 60 歲的他，首先進入桃園龍潭國中補校，修完國中部的課程。順利畢業後，又進入龍潭農工，就讀他感興趣的機工科。由於具有豐富的實務經驗，本身又用功念書，羅連芳於民國 87 年 6 月以第一名的優異成績畢業，並囊括了校長獎、德育獎、全勤獎及長春獎。此外，一向菸酒不離手的羅連

芳，在念國中補校時，毅然決然戒除了菸酒，成為名副其實的好學生。

念補校的六年裡，羅連芳從不缺課，回家後認真做功課，往往忙到凌晨 1、2 點才上床睡覺。他認為老人家睡得少，正可多花時間看書；既然要念書，就要好好讀。他的努力沒有白費，高職補校畢業生檢定考試時，他國文和數學都拿滿分，專業科目也只錯一題，在全桃園地區近萬名的考生當中，總成績排在前四十名內。他還曾接到陸軍官校打來的電話，說他的成績可以免試進入官校就讀。當他告訴對方自己已經 66 歲時，對方在道歉之餘，不禁大感驚訝與讚佩。為了繼續升學，羅連芳每天開車到新竹市的補習班上課，準備再參加四技二專考試。

重拾課本並戒掉菸酒後，規律的學習生活讓羅連芳感覺更年輕、更有活力。羅連芳的心得是，「學習」沒什麼奧秘，不要怕、慢慢來，培養興趣和信心，只要突破瓶頸，就能夠安然自在。六年夜間補校不缺課，羅連芳的體力及毅力足以做年輕人的榜樣。原本是為了完成年輕時被迫中斷的學業而重拾書本，後來卻轉化為興趣及理想的追求。能結合對機工方面的專長和經驗，也讓他念得如魚得水，取得好成績。功課好是成就感的來源，也是自我肯定，加強了他繼續進修的動機。為了一圓念日間部二專的夢，羅連芳不怕舟車勞頓，每天上補習班，堅強的意志令人折服。可見只要能發掘興趣專長，努力學習，動力就會源源不絕。

將近 70 歲的祖父級補習班學生，在一群年輕人當中有如

「鶴立雞群」，相當引人注目。而羅連芳的學習事蹟也確實高人一等，不讓少年囝仔專美於前。

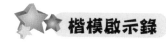 **楷模啟示錄**

不向「學習」說再見，健康、成就跟著來！

09 漁民樂師 魏夏

　　俗話說：「學音樂的孩子不會變壞。」音樂教育家常建議學音樂要越早越好，只要相關生理條件成熟，兒童期學音樂的效果，要比少年期或青年期以後才學來得好。隨著國人經濟水準提高，加上「望子成龍，望女成鳳」的傳統期待，以及「輸人不輸陣」的心理助長下，越來越多的小朋友從小就學習彈奏各種樂器。學音樂不見得要當音樂家，只要有興趣，不揠苗助長，學音樂也是怡情養性的好方法。從發展心理學的角度來看，儘早學音樂有其優點，然而過了兒童期才學音樂，也不一定就難有成就，魏夏就是晚年學音樂卻成就斐然的好例子。

　　住在澎湖白沙鄉鳥嶼村的魏夏媒體報導時 64 歲。他出生在貧窮的離島，因為家境困苦，國小只念到四年級，就上船跟著父親打漁，過著討海人的生活。11 歲開始，魏夏對歌仔戲產生興趣，閒暇時常聽左鄰右舍的長輩拿著管絃和二胡唱歌仔戲。他心裡很想學，可是長輩認為他是小孩子，既不願意教他，也不願意讓他旁聽。然而魏夏並未因此就放棄，仍然找機會偷看偷學，滿足內心的渴望。

　　由於沒有接受完整的國民教育，魏夏並不識字，也看不懂五線譜，因此只好自己下功夫苦學。他聽著收音機慢慢學，幾十年

的骨董收音機於是成了他的老師。討海生活忙碌，學起來斷斷續續，但在濃厚興趣驅使下，魏夏憑著自修研究，逐漸無師自通地拉起管絃和二胡。他利用閒暇時間持續練習，演奏功力一天天進步，35 歲時，更自己製作管絃和二胡，成為伴隨在身的樂器。後來他一度因為生活忙碌而沒有碰樂器，並因負債導致神經衰弱及憂鬱症。幸好在友人的建議下，魏夏重拾樂器，又恢復了快樂的人生。

重新彈奏樂器、揮別憂鬱後，魏夏從音樂中獲得重生，更體會到音樂能讓人健康快樂和長壽。討海之餘，他以彈奏音樂作為養生之道，興之所至就拉起二胡自娛，同時抱著「獨樂樂不如眾樂樂」的想法，到處和別人分享自學音樂的喜悅。如今他的功力大為精進，不論南曲、北調，或流行歌曲，只要聽過一遍，立即就能隨興演奏出來，彷彿一台「錄音機」。他曾受邀在勞工活動中心表演管絃、自拉自唱，很多人對他無師自通學會這些樂器都相當訝異。而今魏夏是澎湖地區知名的傳授八音的老師，音樂不但讓他自娛娛人，還能自教教人。

從自學音樂中獲得樂趣、也因此得到重生的魏夏認為，學習樂器只要心態年輕，學歷、年齡都不是問題。魏夏這番親身體驗，不僅適用於音樂的學習，也適用於其他方面的學習。一般人總認為學習樂器需要拜師學藝，可是魏夏卻只憑著「聽」收音機來學習，為自己開了另一扇窗。他以濃厚的興趣為基礎，努力學習，由生疏而入門、熟練到專精，突破了教育程度、學習環境及時間上的限制。他善用傳播媒體，收聽廣播自學，克服了環境的

限制。

　　從不識字的打漁郎變成教八音的音樂老師，經歷偷看偷學的階段，度過憂鬱的人生低潮期，音樂不僅讓魏夏重生，也讓他克服惡劣的學習環境，自我超越。沒有老師教，也不是從孩童時期學起，魏夏仍走出一條樂器彈奏的寬廣大道。

楷模啟示錄

　　有心向學，「偷」學也能學而有成。

10 多聲帶里長
鄭奕爐

語言是溝通的工具，多會幾種語言，等於多了幾種工具。除了能與別人互動之外，出國旅遊也比較能夠暢行無阻。精通語言也是一項重要的謀生能力，有助於個人在職場上找到工作。語言也是閱讀的媒介，是學習知識的重要工具，會的語言越多，越能吸收來自各國的資訊。英語是國際間最為通用的語言，英語教學是學校重要的教育目標，坊間的英語補習班也四處林立。不過，學習語言並不見得要到學校或補習班，會說多種語言的鄭奕爐，即靠自學學會了多種語言。

家住新竹、媒體報導時 81 歲的鄭奕爐，從小家境清貧，小學畢業後就在橫山鄉的山上工作，過著鄉野耕農的日子。鄭奕爐回憶當時，天未明就上山，天未黑不回家，每天工作兩頭黑，可說是在摸黑中度過每一天。然而，好學的他認為，農村的夜特別長，正是讀書的好機會。農村裡缺少電視和其他花俏的休閒工具、娛樂場所，讓鄭奕爐從小養成認真學習的好習慣，並且一輩子熱愛學習，孜孜不倦，隨時隨地不忘求上進。

鄭奕爐的一生有如一部傳奇。早年他為求生存，流亡廣州、香港、越南等地，在越南時曾化名為鄧光明，以逃避胡志明領導的越南獨立聯盟軍追殺。他曾因慈悲為懷，偷偷放走數十名間

諜，因而和這些間諜成為終身的好朋友。鄭奕爐創設關西最大的商行，成立書法學會，熱心公益、濟弱扶傾的事蹟廣為流傳。他親眼目睹母親在生小弟時難產而死，於是把母親的忌日訂作「兄弟會」，在那天邀集兄弟聚會，共同懷念母親。由於對內對外皆為人稱道，鄭奕爐曾多次連任里長，在基層為街坊鄰居熱心服務。

鄭奕爐雖然只有小學畢業，但憑著從小好學不倦，學習成就遠超於其教育程度。鄭奕爐自學多種語言，包括國語、閩南語、日語、粵語、越語、英語、法語等，即使說寫未盡流利，仍令人感到驚訝。從這些自學的語言可看出他早期四處奔波的影子——為求生存，在廣州需學粵語，在越南得學越語及法語。鄭奕爐平日字典不離身，以便隨時翻閱查詢。累積了語言及文字的功力，鄭奕爐現在有能力創作並書寫詩詞，祠堂的詩句對聯都是他的作品，也出版了個人傳記。

鄭奕爐一生精彩傳奇的經歷都記錄在他的自傳中。這位老里長自費印製傳記，免費送給地方的學校及愛書人，讓年輕一輩在看過年長一輩的人生路後，能夠選擇一條適合自己的路。鄭奕爐真誠純樸的自傳和市面上大賣的名人傳記大不相同，讓人覺得特別親切。名為《七十年滄桑》的自傳，為鄭奕爐留下了人生的紀錄，也提供他人寶貴的經驗。

雖然人們總是祝福朋友事事順利、萬事如意，但是，在順境中長大有時會使人難以忍受挫折，成為溫室裡的花朵。而在逆境中求生存的人，往往能夠培養出堅毅刻苦、不畏艱難的個性。順

境和逆境，孰好孰壞，實在很難論定。鄭奕爐便是從逆境中學習、成長的好例子。

 **楷模啟示錄**

化逆境為順境，這種「逆轉」的力量，來自學習。

11 摩登 e 奶奶 陳紫薇

　　電腦絕不只是新新人類的專利，LKK 也可以是電腦一族。除了前面提及的陳鋆和陽羽明外，一般被認為較無法勝任操作科技產品的女性，也可以活躍在令人目炫神迷的電腦世界裡，這位摩登 e 奶奶就是陳紫薇。對她來說，透過電子郵件和國外的兒孫聯絡、用電腦記帳查資料，都已是稀鬆平常的小 case，而且還曾因為電腦學得好而當選民國 88 年度的資訊奶奶。學電腦和練外丹功，是陳紫薇擁有健康退休生活的秘訣。

　　家住台中的陳紫薇，73 歲才開始學電腦。在學電腦之前，她的退休生活空虛無聊，老伴又病故，因此心靈空虛，身體健康也亮起紅燈。然而，長青大學的電腦學習課程，讓她的生活有了徹底的改變。為了學中文輸入，年紀大、記性差的陳紫薇熟記鍵盤符號位置，每天苦練，結果越打越順手，輸入速度也大幅提升，甚至得到長青大學中文輸入比賽的第三名。成功的第一步，奠定了陳紫薇學習電腦的信心和興趣。

　　陳紫薇開始學視窗軟體的操作法時，偶爾不小心碰到鍵盤，電腦螢幕就完全變了樣，讓她嚇得不知所措。為了學會電腦，她積極求教於電腦班的老師和朋友。經過一段時間的努力，她逐漸熟悉操作要訣，也克服了對電腦的恐懼心理，轉而以使用電腦為

樂。除了自己學習外，陳紫薇也用電腦輔助教學軟體教導孫子，在教學相長的情況下，自己的電腦功力也日益精進，於是，上網查詢資料、收發電子郵件、寄電子賀卡，漸漸成為日常生活的一部分，人際互動也愈加頻繁、緊密。

銀髮族記憶力不佳，常會忘記許多重要的事情，陳紫薇則善用電腦來克服這個缺點。她把家中的開支輸入電腦，用試算軟體記帳存檔，同時將銀行定存、財產目錄，紛紛建檔管理，隨時查詢，如此不僅不用擔心記不住，還能隨時開電腦查看資料，了解自己的財務狀況。在學電腦之前，陳紫薇身體不好，常需看病。學了電腦後，生活有寄託也有重心，精神變好了，身體的病痛也不藥而癒。她把重拾快樂健康的心得，用電腦打出來，裝訂成冊，送給親友分享。

年老才學電腦的陳紫薇，藉著電腦治病，找到健康、快樂及生活重心。電腦也成為她的記憶幫手，以及和親朋好友聯繫的工具。陳紫薇走過對電腦的陌生和恐懼，鍥而不捨的學習，運用電腦豐富了生活。她腳踏實地勤練輸入法，並勤於向他人請教，展現了追求新知的強烈動機。教導孫子學電腦，不僅培養祖孫感情，也增進自己的電腦功力。而善於在日常生活中充分運用電腦，可見她能把電腦當成工具，活學活用。電腦也是陳紫薇的休閒娛樂工具，她常從繪畫、音樂、遊戲軟體中獲得樂趣。陳紫薇靠著努力學習，讓電腦成為她的老伴，更找到了健康快樂的泉源。

電腦不會選擇伴侶及主人。不論你的年紀多大，不管你是男

或女，電腦都不會排拒你。只要自己有本事，就能夠親近、使用它。技術越好，電腦就越能表現，也就越能成為有助益的工具及貼心的伴侶。因此，能否運用電腦的關鍵因素在於自己。陳紫薇的例子正說明了這個道理。

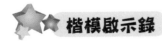

楷模啟示錄

學習讓人永保年輕。Trust me, you can make it!

12 學習玩家
楊萬福

隨著國人的經濟條件越來越好，出國遊學的風氣也越來越盛。遊學人口越來越多，年齡層也越來越低。每年暑假是遊學的旺季，在機場常可看到各種年齡的學生準備出國遊學去。國人遊學的國家以英語系國家為主，從早期的美國、英國、加拿大，逐漸轉到紐西蘭和澳洲，遊學儼然成為暑假年輕學子的熱門「自強活動」。不過，醉翁之意不在酒，不少年輕人是「遊」多「學」少，像楊萬福這樣年紀一大把了還寓學於遊，可說是鳳毛麟角。

媒體報導時 80 歲的楊萬福，近十年來已經遊學超過六次，足跡遍及歐美各國。他只有國小學歷，早年從事油漆製造業長達二十餘年。日據時代服役期間，楊萬福因受上級賞識，曾學過泰語訓練，到泰國當過兩年翻譯。這段異鄉生活開啟了他對異國文化的興趣。多年前，兒女長成，楊萬福終於可以卸下生活的重擔，一償宿願，出國遊學，開啟退休生涯的另一個春天。

楊萬福積極出國旅遊，造訪過歐洲各國，為能進一步完成遊學的夢想、充實學習效果，楊萬福在 70 歲時毅然背起行囊，隻身遠赴美國和加拿大，註冊就讀 EF 國際文教機構海外語言進修

197

課程。多年以來，楊萬福不間斷的和來自世界各國的青年學子，一起學英文、看英文電影、練習唱英文歌。他立志要學好英文，以便接觸新知、和外國人交談，開拓自己的視野。

為了學好英文，楊萬福出國遊學期間從未缺課遲到，每天都花二至三個小時複習課程，所有作業和練習題也都準時繳交。儘管學業成績並不突出，楊萬福高齡遊學以及認真學習的態度，使他一度當選學校的風雲人物。楊萬福在學校裡和年紀相當於孫輩的同學相處愉快，一起看書、聊天、聚餐或抽菸，不因自己年齡高而自外於其他人。和年輕人相處久了，楊萬福感覺自己更年輕、更有活力，而經由積極的互動，英文也有所進步。贏得友誼，語言也進步了，楊萬福每次遊學都是收穫滿行囊。

楊萬福經常每天花一兩個小時念英文，甚至和孫子一起複習。儘管成績不突出，英文說得不甚流利，楊萬福的學習精神，在多數人偏重旅遊忽略學習的風氣下，仍然值得敬佩。他認真投入，每天花固定時間學習的態度，顯現腳踏實地的作法。從不缺課和按時繳交作業，說明了他的認真學習精神。而不因年齡、種族限制，充分和各國同學互動相處，更是最直接的練習方式。楊萬福有強烈的學習動機、合適的學習方法、務實的學習態度，以及認真的學習精神，這些都值得年輕一輩學習。

讀萬卷書不如行萬里路，所謂百聞不如一見，楊萬福有遊有學的進修方式，既能休閒又能學習，在經濟和身體條件允許下，

的確是一舉數得的好方法。楊萬福以銀髮族的身分真遊真學，誠為年輕學子最佳的榜樣。

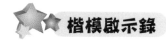 楷模啟示錄

「遊」只是方法，「學」才是目的。